新 潮 文 庫

工 藤 會 事 件

村 山 治 著

新 潮 社 版

11995

はじめに

2013年12月の20日を過ぎた頃のことである。街にクリスマスソングが流れる北九州・小倉。北九州地域の治安を預かる福岡地検小倉支部長の天野和生はその裁判記録を一読し、背筋に電流が走るのを感じた。

「天網恢恢疎《てんもうかいかいそ》にして漏らさず、とはこのこと。これはいける」

警察や検察を嘲笑《あざわら》うかのように、暴力団追放運動に協賛する市民や企業を次々と襲撃してきた暴力団工藤會《くどうかい》。そのトップである同會総裁の野村悟《のむらさとる》とナンバー2の同會会長、田上不美夫《たのうえふみお》の2人を、天野が「摘発できる」と確信した瞬間だった。

福岡地検小倉支部と福岡県警が2人に狙《ねら》いを定め密《ひそ》かに内偵を進めていた「頂上作戦」で、天野は検察側の最前線の指揮官を務めていたが、捜査は難航した。転機となったのは、北九州市漁協組合長の上野忠義が同月20日朝、自宅近くで何者かに射殺された事件だった。県警と小倉支部は、港湾事業利権を狙う工藤會の犯行と見立てて捜査を始めたが、実行犯は逃走し、捜査は行き詰まった。

上野射殺事件の背景には深い闇《やみ》があった。実は、上野の実兄でやはり漁協組合長だった梶原國弘《かじわらくにひろ》も15年前の1998年2月、工藤會の前身である二代目工藤連合草野一家の組員に射殺されていた。それは工藤會が市民に銃口を向けた最初の事件でもあった。ところが、上野射殺事件発生にいたるまで天野を含め小倉支部の検事は、梶原事件のことを全く知らなかったのである。

福岡県警は2002年6月、事件当時、工藤連合草野一家系田中組若頭だった田上と配下の組幹部ら3人を梶原射殺容疑で逮捕。うち実行役の1人と見届け役は殺人の罪で08年9月に有罪が確定したが、田上は嫌疑不十分として不起訴となり、もう1人の実行役として起訴した組員は無罪となった。野村は当時、田中組組長だったが、立件されなかった。

上野射殺事件を機に梶原事件の存在を知った天野は、部下の小倉支部検事、上野正晴、上田敏晴とともに、上野射殺事件の手がかりを探すため、支部に保管されていた梶原事件の確定記録と捜査記録を閲覧した。そこで、梶原事件の実行犯と野村らの「共謀を示す証拠」を発見したのだ。

梶原事件の公判が始まった後の03年6月、事件に使用された拳銃《けんじゅう》と同一の銃から発射された銃弾が、実行犯と内妻が犯行時に住んでいたマンションの壁から発見された。

内妻は、

「犯行前日にマンション内で誤射があり、実行犯は、『田上のところの子』がそれを

やったと言っていた」

などと供述し、供述調書が作成されていた。さらに、射殺見届け役の組員の要請で、

犯行に使う車を盗んで提供した元工藤會関係者が公判廷で、

「(同組員から)『本件は上の者の指示で行った』と聞いている」

と繰り返し証言していた。

田上の釈放時（02年7月）には存在しなかった証拠だった。有罪が確定した実行役

と見届け役は田中組では同格の中堅組員で、「上の者」は、野村、田上を指すと推測

された。保管していた捜査記録の中には、供述証拠にはなっていないが、野村、田上

の関与を示唆する重要情報が記載された捜査報告書もあった。

それらを踏まえて証拠全体を再評価すると、野村、田上が実行犯に指示して梶原事

件を敢行した組織的犯行だったことは明白で、捜査報告書をもとに関係者の供述が得

られれば、野村、田上の2人を梶原事件で間違いなく有罪にできる──。天野はそう

考えたのだった。

捜査への追い風

頂上作戦で検察と連携する福岡県警でも、暴力団対策部北九州地区暴力団犯罪捜査課（北暴課）課長の尾上芳信《おのうえよしのぶ》らが確定記録を読み込み、天野と同じ感触をもった。翌２０１４年正月明け、天野と尾上は梶原事件を再捜査して野村、田上逮捕の突破口にすべき、との方針を固めた。

追い風も吹いた。

同年1月16日、山口組系の組員らが同組系の組長を刺殺した事件で、大阪高裁は暴力団トップと実行犯の間の共謀の有無の認定で画期的な判断基準を示した。

一言でいうと、

「最高幹部を含む複数の組員が、その暴力団の指揮命令系統に従って組織的に犯行を準備し、犯行を実行したような事件では、特段の事情がない限り、その暴力団の首領が共謀に加わり、その指揮命令に基づいて行われたものと推認される」

というものだった。天野には、この裁判所の判断がぴたり、梶原事件での野村、田上に当てはまると映った。野村、田上と実行犯の共謀「推認」の根拠となる「指揮命令系統に従って組織的に犯行を準備し、実行した」については、梶原事件の確定記録にある証拠で十分証明できる、と考えたのだ。

天野は急いでいた。包囲網を強化する県警の捜査を攪乱《かくらん》するため、工藤會が警察官や市民を狙った無差別テロを準備しているとの情報が寄せられていた。同會の中核組織である田中組幹部が上野、上田両検事の名を挙げ、配下と襲撃や威嚇《いかく》について語っているとの情報もあった。

捜査の最前線に立つ県警は検察以上に、焦《あせ》っていた。工藤會の仕業とみられる市民襲撃事件が頻発していた。摘発できる「ネタ（素材）」があるのに手をこまねいて、また事件が起きたら市民にどう説明すればいいのか。批判の矢面に立たされるのは自分たち警察だ——と。

とはいえ、梶原射殺事件は、訴追権限を持つ検察が、野村、田上を罪に問えないといったん結論を出し、判決も確定した事件。再度の立件は、当時の検察と先輩検事たちの判断を覆《くつがえ》すことにもなる。面子《メンツ》を重んじる検察部内での抵抗が予想された。

福岡高検の「待った」

小倉支部長の天野は、野村、田上を梶原事件で立件するには最終的に最高検の了承をとる必要があると判断した。頂上作戦の主任検事である上野が梶原事件の捜査・公判記録をもとに野村、田上の立件方針をまとめた詳細な報告書を作成。2月中旬、天野と上野がまず、福岡市にある福岡地検、高検に出向いて協議した。

　天野によると、福岡地検検事正の飯倉立也、次席検事の玉置俊二は小倉支部の方針をすぐ了解したが、福岡高検でストップがかかった。

「野村、田上を16年前の事件で立件するのは非常にインパクトが大きい。確定判決から6年もたち、時機を失しているうえ、公判証言が出た当時に捜査せず、関係者が亡《な》くなるまで証拠を寝かせておいたとの批判が来る恐れもある」

「田上については同一事件による再逮捕・再勾留《こうりゅう》ともなるので、それらの点のクリアも必要だ。野村らの関与を示す新証拠がなければ立件は無理」

　けんもほろろだった。天野は検事長の北村道夫が最も強硬と受け止めた。

　小倉支部と高検はその少し前、弁護士がからむ別の事件の立件の可否をめぐって対立したことがあった。その協議に参加した支部の検事が立件に消極的だとして高検幹部に食ってかかり、幹部が顔色を変える一幕もあったという。「あの遺恨か」と勘繰るほど、天野にとって高検側の姿勢はかたくなに映った。高検でストップがかかった以上、最高検に話を持ち込むことはできない。

福岡から小倉に帰る道中で、天野と上野は、高検の求める「新証拠」の収集に踏み切ることを決めた。「再捜査」による情報漏れを心配し、事件関係者の聴取は最高検の了承を得たうえで始める算段だったが、そうもいかなくなった。

上野と上田は、北暴課の刑事たちとともに、梶原の遺族や、田中組と距離を置く服役中の元工藤會組員らを聴取した。捜査報告書にあった、野村らの事件関与を示唆する情報を持つ関係者に対する取り調べも始まった。

支部長の天野は、主任検事の上野から関係者に対する取り調べの状況を聞いて、野村、田上の立件に向けて好感触を持った。「いける」と一層、自信を深めた。

突然の異動

天野を小倉支部長から長崎地検検事正に異動させるとの内示が出たのは、ちょうどそのころだった。小倉支部は検事12人を擁する大組織。そのトップである小倉支部長は、多くの検事が目的とする検事正への昇任が確実視される、いわば待機ポストでもある。いずれ地方の検事正に転出するのは想定内ではあったが、野村、田上に対する頂上作戦を、自分が支部長の間に着手しようと考えていた天野にとっては青天の霹靂《へきれき》だった。

しかし、役人やサラリーマンにとって異動命令は絶対だ。天野は2014年4月の新年度から小倉支部の上野、上田ら検事3人と副検事1人を「組織暴力係」として工藤會専従捜査態勢をとること、さらに、野村らに対する頂上作戦は梶原事件から始め、野村と田上を起訴したあと、看護師事件（後述）に着手するとの方針を決め、4月11日、小倉支部長の職を離れた。

福岡県警による梶原事件での野村、田上逮捕は、結局、天野が小倉を去って5カ月後の9月11日と13日になった。時間がかかったがゆえの不幸な事件もあった。

5月26日、梶原國弘の親族の歯科医師が出勤途中に刃物で刺され重傷を負う事件が起き、7月25日には、別の親族と親しい女性が自宅マンションの駐車場で刺される事件が起きてしまったのだ。

県警と小倉支部は、梶原事件を皮切りに野村、田上を、看護師事件、歯科医師事件、元県警警部襲撃事件（後述）の計4件の市民殺傷容疑で摘発。被告人席に座らせた。野村らトップの長期勾留で工藤會の結束は弱まり、ヒットマン（射殺実行役の組員）は次々に拘束された。市民襲撃や企業に対する発砲もなくなった。

それでも、天野は素直には喜べなかった。21年12月、筆者の取材に対し、梶原事件の捜査をこう振り返った。
「上野忠義さんが殺されたのを機に梶原事件の捜査・公判記録を見て、梶原事件を再捜査して訴追すれば、野村らを有罪にできると確信した。2月からの関係者聴取の感触もよく、3月には着手できると思っていた。判決が認定した証拠で、当時なかったのは、ヒットマンに対する工藤會の報奨金の話だけ。工藤會による市民の被害者を出さないよう一刻も早く着手したかった。なかなか着手しないのでやきもきしているうちに、歯科医師と女性が襲われた。早く着手していればと、今も忸怩《じくじ》たる思いがある」

天野や上野、上田らが地検小倉支部に赴任する前、警察、検察は長期にわたって工藤會の暴走を止められず、北九州市は「修羅の街」と化していた。国民の視線が厳しくなる中で敢行された頂上作戦は、警察、検察にとって組織の威信をかけた捜査だった。

梶原射殺事件を突破口にした頂上作戦の捜査と公判は、おおよそ天野の読み通りに展開することになる。ただ、その捜査は山あり谷あり。捜査方針をめぐる紆余曲折《うよきょくせつ》もさることながら、公判を維持するための証拠収集は困難を極めた。

工藤會は、逆らう者に容赦なく銃口を向ける。被害者遺族、現・元組員にとって、捜査に協力することは、すなわち、工藤會から自分と家族の命を狙われることを意味した。彼らを説得して供述を得るのは並大抵のことではなかった。そして協力してくれた人たちを工藤會から守るのも重要な仕事だった。頂上作戦に携わった多くの検事や刑事は文字通り、職務に体を張ったのである。

そこには、数えきれないほどのドラマがあった。

成功と失敗の教訓

東京を中心に活動する筆者にとって、北九州に本拠を置く工藤會は、市民襲撃を繰り返す特異な暴力集団というイメージはあっても遠い存在だった。関心を持ったのは、2014年に警察・検察が、前例のない大掛かりな「頂上作戦」を展開し、判決が確定した事件を再捜査する異例の手続きで工藤會トップを逮捕してからだ。

取材をすすめると、途中経過であるとはいえ、この「頂上作戦」は、凶悪な犯罪集団の摘発にとどまらず、法執行当局、特に検察にとって歴史的な意味がある、と思うようになった。

戦後長い間、裁判所は、検事が作成した自白調書とそれを裏付ける一定の証拠があれば、ほぼ有罪判決を言い渡してきた。そのため、検察では、見立てたストーリーに沿う自白を獲得することが検事に対する評価基準となり、次第に、自白を得るためには手段を選ばず、取り調べでの利益誘導や恫喝《どうかつ》が横行するようになった。

その行き着いた先が、大阪地検特捜部が摘発した村木厚子元厚生労働省局長の郵便不正をめぐる無罪事件（2010年9月）であり、大阪地裁が「誘導の可能性がある」として証拠採用しなかった村木の部下の供述調書のストーリーに沿うよう、押収《おうしゅう》証拠に手を加えた証拠改竄《かいざん》事件だった。

改竄を実行した主任検事だけでなく特捜部長らも犯人隠避容疑で逮捕され、検察に対する国民の信頼は吹き飛んだ。さらに、11年暮れには、東京地検特捜部でも、元民主党代表の小沢一郎を政治資金規正法違反で強制起訴した検察審査会に対し、小沢を不起訴処分にした特捜部が小沢の元秘書の供述にかかわる事実に反する捜査報告書を提出していたことが発覚。担当検事や当時の特捜部長らが懲戒処分を受ける事件も起きた。検察は取り調べの可視化（録音録画）を受け入れざるを得なくなり、検事たちは自信を喪失。国民の期待に応《こた》える構造的な政治腐敗摘発から遠ざかり、警察の送致事件や市場監視機関からの告発の立件にも消極的になった。

工藤會に対する頂上作戦は、ちょうどその頃、水面下で密かに始まっていた。担当した検事や刑事たちは適正手続きをことさら意識し、真正面から工藤會組員らを説得し、彼らの「血の掟《おきて》」の呪縛《じゅばく》を解いて供述を得た。頂上作戦開始から7年後、21年8月の福岡地裁判決は、それら供述証拠のほとんどについて任意性、信用性を認め、野村らに実行犯との共謀で有罪を言い渡した。

取材を通じ、テロ集団と化した工藤會組員を、法と証拠にもとづく刑事手続きによって逮捕し有罪にするのがいかに難しいことだったかを理解した。警察への協力を拒む被害者、組織の報復を恐れる現・元組員らを説得して供述証拠を得るため、刑事や検事は心血を注いだ。その無私で純粋な姿勢に胸を打たれた。

それこそ普通に、いわば教科書通りに、適正手続きでの捜査を徹底した結果、暴力団トップが関わる組織犯罪という大きな山を攻略することができた。そして、まだ一審段階とはいえ、裁判所もその捜査と訴追判断を支持した。それは、全国の検事や刑事にとってある意味、衝撃だった。特に、自信を喪失していた検事たちにとっては大きな希望となったとみられる。「歴史的な意味がある」と記したのはそういう意味である。

機動隊や捜査員の大量投入で工藤會の動きを封じ、その間に捜査態勢を立て直した警察庁の決断。その後の検察庁との緊密なコラボレーション（協働）のもと、一気に頂上を攻略した戦略、戦術は見事だった。

しかし、頂上作戦が始まるまで、工藤會は北九州市で文字通り、やりたい放題だった。市民を恐怖のどん底に突き落とし、企業は北九州から逃げ出した。多数の被害・犠牲者を出したことは、はっきりいって警察、検察当局の大失態である。お定まりの官僚機構内部での軋轢《あつれき》や、安易な暴力団排除方針が逆に市民の被害を招くような失策もあった。

それゆえ、この物語は、検察や警察の成果を単純に褒めたたえるものではない。法執行権力である検察・警察が、税金と権限を使って暴力団から市民や企業を守る任務を適切に果たしてきたのか、の視点で作戦を検証する試みでもある。

もちろん、人間の行うことに万全はない。工藤會に対する取締りが一筋縄でいかなかったことは重々、理解する。暴力団対策に、足して2で割るような明快さを望めないことも知っている。

一部の関係者からは、検察や警察に厳しすぎるとの意見をいただくかもしれないが、できるだけ事実を正確に再現することが今後の工藤會対策のみならず、全国の暴力団対策にとって、真に役立つと考えた。失敗にこそ学ぶものあり、である。

「結社の自由」を憲法で定めるこの国で、暴力団や反社会的組織を全否定することはできない。「侠気《きょうき》」を容認する文化もある。それゆえ、組織犯罪集団でありながら街に根を張り、国をあげての暴力団追放、暴力団排除政策を講じても、根絶するのは難しい。最近では、SNSを通じ、いわゆる闇バイト募集で集めた若者らを使って詐欺《さぎ》や強盗を繰り返し大きな社会問題になっている「匿名《とくめい》・流動型犯罪グループ」（警察当局が命名）との人的、資金的関係も指摘されている。

それどころか、政官財がからむ権力犯罪では時として、政財界の要人と暴力団のつながりが浮上する。取締り当局との癒着《ゆちゃく》のうわさも絶えない。暴力団は、この国のシステムにとって骨がらみ、治癒が困難な「病」といっていい。

そういう中で、捜査・公判の現場で暴力団と戦っている検事や刑事、勇気をもって暴力と対峙《たいじ》している市民の皆さんに、この報告がささやかな応援歌になれば幸いだ。

なお、この物語でキーマンとなる被害者遺族や元工藤會関係者の数人については仮名とした。工藤會の報復を警戒し厳重な警護体制をとっている福岡県警などから実名を出すと危険だとして匿名化の要請があり、取材の結果、相当の理由があると判断して受け入れた。また、一部の企業名については、筆者の判断で仮名とした。

（文中敬称略）

工藤會事件　目次

本文写真提供　朝日新聞社

工藤會事件

第1章　長き戦いのはじまり

元漁協組合長射殺事件

工藤會頂上作戦の逮捕容疑となった、市民殺傷4事件の説明から始めたい。

まずは、「はじめに」でも触れた元漁協組合長射殺事件である。頂上作戦の中核事件であり、最も警察、検察が骨を折った事件だった。公判記録や捜査資料をもとに少し詳しく説明する。

北九州市の脇之浦《わきのうら》漁協組合長だった梶原國弘が、JR小倉駅にほど近いキャバレー「連絡船クラブ」前の路上で銃撃されたのは、1998年2月18日午後7時すぎのことだった。

近くのFMラジオ局で人気歌手のイベントがあり、若者の往来も多かった。

当時70歳の梶原は、2日に1回以上の割合で「連絡船クラブ」に通っており、この日も一族が経営する砂利販売会社が所有するトヨタ・センチュリーで、同店前に乗り付けた。

店の入り口に向かう梶原の背後に全身黒ずくめ、マスク姿の男2人が駆け寄った。無言のまま1人が1メートルの至近距離から拳銃《けんじゅう》を梶原の頭や胸に向けて2、3発発射。さらにもう1人が倒れた梶原に向けて数発発射した。

とどめを刺す、暴力団特有の手口である。

男2人は歩道上に停めていた白色の大分ナンバーの車に乗り込み、急発進して逃走。梶原は救急車で近くの病院に搬送されたが、午後8時5分、死亡が確認された。周到に計画された犯行だった。車は数日後に路上で発見されたが、盗難車だった。

捜査は難航する。

福岡県警と地検小倉支部は、事件の背景に、漁協と港湾工事の利権を握るとされる梶原一族に対する工藤會の「利権交際」要求があると見立てた。

梶原國弘は、北九州市の漁協の有力者だった。

北九州市では1970年代から港湾開発プロジェクトが相次ぎ、それに伴う漁業補償や建設工事の資材納入利権などを取り仕切ってきたとみられていた。

県警の捜査資料によると、梶原はそのプロジェクトのひとつ、北九州市沖の「白島《しらしま》石油備蓄基地」の建設利権の調整をめぐり、草野一家（当時。その後、工藤会と合併して工藤連合草野一家）総長の草野高明と親密な関係となり、70年代末から草野に対し資金提供を始めたとされる。

草野は90年、工藤連合草野一家総長を引退。同一家若頭の溝下秀男《みぞしたひでお》が総長となり、のちに工藤會総裁となる野村悟は後任の若頭となった。草野は91年4月に病死した。

その後、同連合の二次団体の田中組組長である野村と同組若頭の田上は梶原一族に急接近する。91年末から92年初めごろ、野村と田上、そして梶原と梶原の直系親族の「太郎」（仮名）が、北九州市内のふぐ料理店で会食した。田上は梶原に対し、「社長（注・太郎のこと）と今後、懇意にさせてもらっていいですか」などと、太郎との交際を要求した。田上はその後、太郎に自らの親交者（暴力団に利益供与したり、持ちつ持たれつの関係にある者）を紹介し、親しくするよう求めた。

梶原自身は、草野の死を境に、工藤連合草野一家と距離を置こうとしてきた。さらに、92年8月、実弟の上野忠義とともに率いたファミリー企業が、暴力団との交際を理由に公共工事入札への指名停止を受けたのを機に、工藤連合草野一家と決別することを決意し、資金提供を拒否するようになった。

指名停止処分は95年夏ごろまで続き、ファミリー企業の業績は大きく落ち込んだ。暴力団排除の機運の高まりで、民間事業者からの下請け工事を受注することも困難になり、経営は窮地に陥った。

野村と梶原の間にトラブルが起きたのは指名停止を受けた92年ごろのことだった。梶原が北九州市のクラブで野村と会ったのに無視したことから、田中組組員とみられる男が太郎に、

「クラブでヨゴレが来たから帰った（、と）。親分をヨゴレとはどういうことだ。一週間以内に親子共々、北九州から出て行け」

などと恫喝《どうかつ》。やむなく梶原側は同年11月ごろ、田上に1000万円払って手打ちした。

明白な恐喝だった。警察に届けて事件にすべき話だが、このころ梶原ファミリーは警察から度重なる捜査を受けて警察に対する不信感を強めており、被害届は出さなかった。

恫喝、威嚇《いかく》発砲、そして……

１９９６年３月、総事業費２２００億円の響灘《ひびきなだ》大水深コンテナ港（通称ハブポート）建設構想が発表され、97年12月、大規模な埋め立て工事を伴う、ひびきコンテナターミナル第１期整備事業（事業費９７７億円）が脇之浦地区で着工した。

野村、田上の配下である田中組系藤井組組長の藤井進一が太郎に、

「今度、脇之浦で大きな仕事が始まるなあ。おまえや（梶原）國弘、（梶原の弟の上野）忠義、二郎（仮名、忠義の親族）の４人がターゲットになっとる」

などと脅したのは、97年１月のことだった。断れば命を狙《ねら》うことが既定路線になっているとにおわせるものだったが、太郎は、

「その筋の人とは付き合えない。指名停止も解除されたばかりですから」

ときっぱり断った。藤井は上野にも面会を求めたが、上野は拒絶した。

一方、梶原國弘は漁業補償の配分をめぐる背任罪に問われ、95年５月に最高裁で懲役２年の実刑が確定。２年間服役した。

97年５月に出所するとすぐ、工藤連合草野一家総長の溝下秀男に電話し、「今後はもうそんな付き合いはできない」と申し入れた。さらに「あんたはええけどな、あんたの下のあいつがなぁ」と暗に野村を嫌っていることを伝えた。

田中組系中村組組長の中村数年が、太郎を訪ねたのはその直後だった。服役中に梶

原と親しくなったからと砂の買取りを求めたが、太郎は断った。5月22日、上野忠義の親族が社長を務める土木工事会社の事務所と車の窓ガラスが何者かに割られた。

7月には、野村の舎弟の工藤連合幹部組員が、上野に、

「おまえたちだけいい飯くいよる。会わなかったら、会社に押しかけて会社や子供をぶっつぶすぞ」

と脅すが、上野は無視した。9月13日には、田中組幹部が太郎に対し、「おまえたち大概にしとけよ」などと脅しをかけ、その幹部の弟分が太郎に接触を図るが、これも無視した。

要求をはねつけられ続けた工藤連合側はついに実力行使に出る。

半月後の同月28日夜、帰宅した上野忠義に向けて何者かが拳銃5発を発射。幸い、けがはなかったが、数日後、土木工事会社に男の声で、

「忠義はおるか。今度は間違いなく殺しちゃると言うとけ」

と、脅迫電話があった。30日には梶原と親しい港湾建設協会幹部宅に向けた発砲事件が起きた。10月14日には、その発砲に使用した拳銃を持って太郎の自宅脇《わき》に潜んでいた田中組系組員が逮捕された。暮れには再度、中村が知人を介して太郎に対し、長崎県壱岐島《いきのしま》の砂業者を紹介し、取引に介入しようとするが、太郎はこれも断った。

そして翌98年2月18日、梶原は射殺された。

野村、田上を取り逃がした第一次捜査

梶原射殺からまもなく、田上は太郎に対する利権交際要求を始める。知人の漁協関係者を通じて、太郎にしつこく連絡を求め、根負けした太郎が5月26日に田上に電話すると、田上は次のように話した。

「このまま警察と20年、30年とやっていくんね。表を歩けるようにせんといかんのと違うね。私は（上野）忠義は好かんけど、忠義とふたりで話し合って、連絡ちょうだい。私から連絡があったことは、警察にも誰にも言ったらいけんよ」

梶原を工藤連合に殺されたのではないかと疑っていた太郎は、この要求を拒絶した。

福岡県警は、工藤連合と周辺関係者に対する捜査で、野村、田上が、利権交際要求を断った梶原・上野ファミリーに対する見せしめとして、配下のヒットマンを使って梶原を襲撃したと見立てた。しかし、肝心の実行犯の特定が難航した。

事件からおよそ8カ月後の10月10日、県警は野村、田上、田中組系古口組組長の古口信一らを、山口県のパチンコ店経営者から6000万円を脅し取ったとする恐喝容疑で逮捕した。

野村は嫌疑不十分で不起訴となったが、田上と古口は起訴され、それぞれ懲役4年の実刑が確定。田上は2003年1月末まで服役した。このとき、県警は梶原射殺事件についても、野村らを追及したとみられるが、野村らは全面否認したとみられる。

福岡県警が梶原射殺事件の実行犯として、田中組系中村組組長の中村数年と田中組系田上組組員の西田智明を逮捕するのは、事件から4年4カ月後の02年6月26日。さらに、2日後の28日、犯行車両を調達し見届け役を務めたとして、古口、そして、この3人を指揮したとして、事件当時、田中組若頭だった田上を逮捕した。田上と古口は服役中だった。

県警は、工藤會(工藤連合草野一家は1999年1月、三代目工藤會に名称変更)周辺関係者らの供述を積み重ねて、ようやく実行犯を特定した。梶原を射殺したのは中村と西田で、古口と藤井進一が犯行車両を用意。古口は犯行の見届け役も務めたと見立てていた。

中村は犯行当日の98年2月18日夕方、現場から約700メートル離れた喫茶店「ピッツァ」で知り合いの組員とお茶を飲んでいたが、

「おやじの用事で行く。用事をしてくる」

などと言い残して一人で出て行った。中村は犯行後、配下の組員に着用していたコートを処分するよう命じ、内妻と北九州市内のホテルを転々とした。

犯行は、車両などの準備、アリバイ工作から証拠隠滅まで組織的、計画的に行われていた。しかし、実行犯のメンバー同士は平素のつながりはなく、犯行に際してのメンバー間の謀議もなかった。古口と西田は梶原と接点がなく、殺害する個人的な動機がなかった。

中村は、服役中に梶原と一定の人間関係はあったが、梶原殺害のため古口、西田と協働する理由はなかった。

県警は、梶原殺害の動機があるのは、梶原と接点があり、利権交際を求めた野村、田上だけで、また、田中組系の組長である中村、古口らに犯行を命じることができるのは田中組トップの野村、ナンバー2の田上しかいない、と見立てた。

県警は、野村の逮捕は田上の供述を得てから、と考えていたとみられるが、田上は犯行を指示したことを全面否定。中村らも、田上の関与については一切、供述しなかった。

結局、福岡地検小倉支部は2002年7月17日に中村、西田、翌18日には古口の計

3人だけを殺人、銃刀法違反の罪で起訴。田上については起訴を見送り、同日、処分保留で釈放。05年3月、体調不良のため捜査中止となった藤井とともに不起訴処分とした。

06年5月、中村と古口は福岡地裁小倉支部でそれぞれ、無期懲役と懲役20年を言い渡された。判決は「二代目工藤連合草野一家の組織的関与は明白」としたうえで、「若松区沖で進んでいた国際コンテナターミナル建設事業への利権介入を断られた報復」と認定した。2人は最高裁まで争ったが、08年9月、判決は確定した。西田は一審で無罪となった。古口は12年5月、服役中に病死。西田は11年7月、藤井も08年6月、病死した。

因果応報

捜査に大きな転機が訪れるのは、梶原國弘の実弟である北九州市漁協組合長の上野忠義が2013年暮れ、何者かに射殺された事件からである。福岡県警と福岡地検小倉支部は上野射殺事件を機に、その15年前に起きた梶原射殺事件の裁判の確定記録などを見直し、野村、田上を梶原事件で立件する端緒を摑《つか》んだ。まさに、因果は巡る、である。

福岡地検小倉支部と県警北暴課は14年2月から、梶原事件の被害者遺族や服役中の工藤會元組員ら関係者数十人を極秘で聴取。遺族から、野村や田上が梶原側に利権交際を要求して断られ恨みをもっていたこと、元組員からは、野村が犯行1週間前に実行犯の2人を組事務所に呼ぶよう田上に指示したのを聞いたとの供述を得た。

野村悟被告（2013年）

小倉支部は、それらをベースに、野村、田上が厳格な序列の定められた暴力団組織である工藤連合草野一家系田中組のトップに君臨し、田中組の重要事項の意思決定に関与していたこと、梶原射殺の動機が野村、田上が被害者側から利権交際要求を断られた腹いせないし、見せしめだったこと、中村、古口ら配下の組員が野村ら2人に無断で襲撃事件を起こすとは到底考えがたい——として野村、田上を梶原事件で立件する方針を固め、県警は14年9月11日と13日に、野村と田上を梶原殺害容疑で相次いで逮捕。福岡地検は10月2日、2人を殺人などの罪で起訴した。

元福岡県警警部への銃撃事件

2つ目の事件は、元福岡県警警部に重傷を負わせた銃撃事件である。

2012年4月19日午前7時5分。北九州市小倉南区内の路上で、オートバイにまたがった男が、再就職先の病院に出勤途中の元警部に向け、拳銃を2発発射。元警部は腰や脚に重傷を負った。フルフェイスのヘルメットを被《かぶ》った男はそのままバイクで逃走した。

襲われた元警部は、長らく工藤會事件の捜査に携わり、組員に警察関係者との接触を禁じる工藤會にあって野村、田上と直接、話ができる数人の警官の一人だった。11年3月に退職し、北九州市内の病院の事務局で勤務していた。

通勤、通学のサラリーマンや学生が往来する中、拳銃で警察関係者を襲撃するという大胆な手口だった。元警部襲撃事件は、工藤會にやられっ放しの県警を象徴する事件と市民には映った。

犯行前年の11年7月、工藤會では、野村が会長から総裁になり、田上が理事長から会長に昇格する新体制（五代目工藤會）が発足していた。

県警の捜査の結果、野村、田上は現職時代の元警部に一定の信頼を寄せていたが、県警が工藤會の取締りを強化した08年ごろから、元警部が自分達を裏切るような行動に出たと見て、不快感を抱いていたことが浮かんだ。

暴力団追放運動に参加した自治会総連合会長宅への発砲（10年3月）があり、みかじめ料（用心棒代）の支払いを拒んだゼネコン支社などに対する銃撃事件は相変わらず続いていた。県警は工藤會に対する取締りを強化し、両者の緊張関係が高まっていた。

田上不美夫被告（2014年）

県警は、そうした状況下で、工藤會が取締り強化を進める県警に対する牽制《けんせい》、見せしめとすると共に、市民や企業に工藤會の威力を誇示して恐怖心を植え付けるため、あえて市民の前で元警部に対する銃撃を敢行したと見立てた。

しかし、実行犯の特定は難航した。実行犯がわからなければ、手も足も出ない。のちに、バイクのヒットマンは、田中組組員の秋田紘一（仮名）と判明する。田中組組長、菊地敬吾の側近で田中組の次期リーダー候補の一人だった。

判明のきっかけは、この後に触れる看護師事件の捜査だった。

元警部事件の捜査の手詰まりから、県警は13年1月から2月にかけて、裁判所の許可を得て、「ヒットマングループ」と見ていた複数の組員の携帯電話に対する通信傍受を行った。その最中に、看護師襲撃事件が発生。同事件にかかわるとみられる組員間の会話を探知したのである。

女性看護師襲撃事件

3件目の被害者、北九州市の美容形成クリニックに勤務する女性看護師が、福岡市博多区内の自宅に帰る途中、歩道上で田中組若頭補佐の大石薫に刃物で左側頭部などを突き刺され重傷を負ったのは、2013年1月28日夜のことだった。

県警はすぐに工藤會の犯行を疑った。

看護師襲撃の直前、傍受していたヒットマングループの工藤會組員の携帯電話のや

り取りの中に、

「あれが要るのぉ、1個。名義がないやつが」

「1個用意せい」

との会話があった。「名義がない」電話、つまり、犯罪で足のつきにくい「飛ばし」の携帯電話の調達指示である。「飛ばし」携帯は、架空の名義などで契約され、特殊詐欺《さぎ》や闇《やみ》金融などの違法行為に悪用されることが多い。

ターゲットを尾行、行動確認しているとみられる会話、さらに「決行日」を知らせるやりとりもあった。そして、襲撃後には、

「おなか一杯っち言っとって」

「用事言われとったの終わったんよ」

工藤會組員は襲撃の首尾を、隠語として腹のすき具合、すなわち「腹9分（まだ）」「おなか一杯（完了）」と表現していたのである。

その会話が行われた時間帯の、看護師襲撃現場周辺の防犯カメラをチェックしたところ、会話に符合する組員たちの行動がしっかり映っていた。なかなか特定できなかった市民襲撃の実行犯をやっと捕まえられる、と県警は意気込んだ。

しかし、問題があった。

福岡県警が裁判所の許可を得て傍受していたのは、元警部事件についての会話であって、看護師事件の会話は令状の許可範囲ではなかった。捜査、公判で傍受記録の原本を複製して証拠として使うためには裁判所の許可が必要だった。許可なく使えば、違法収集証拠となり排除される恐れがあった。

県警は「2つの事件の解明のために必要だ」として、福岡地裁に通信傍受原記録録取許可を請求したが、裁判官は慎重だった。当時、刑事法学者やマスコミには警察の通信傍受の乱用を懸念《けねん》する声があり、裁判所は令状の審査を含め厳格な運用を旨《むね》としていた。

県警側はあの手この手で裁判所を説得したが、審査は難航する。14年3月末、同地裁はようやく、

「犯行ごとに新たな指揮系統、指揮態様が形成されているとは考えがたい。両事件（元警部事件、看護師事件）の指揮系統や、指揮態様等は基本的に同一のものと強く推認され、本件通信の聴取（録取）によって看護師事件の指揮系統等の解明が進むことで元警部事件における指揮系統等の解明も進むと期待することは十分な合理性がある」

として請求を認めた。

福岡県警は、防犯カメラの画像を専門家に鑑定してもらい実行犯の組員を特定した。その組員らに対する検察の取り調べは録音録画のもとで行われたが、それらの証拠を示された数人の組員は、さすがに否認しきれず、容疑を認めた。

県警はこの事件も野村の指示によるものと見立てた。

なぜなら、犯行の動機が野村にしかなかったからである。野村は12年8月4日、被害者が勤務するクリニックで、ペニスの亀頭《きとう》にバイオアルカミド4本を注入する亀頭増大手術と、さらに同日から月1回、全12回のレーザー脱毛の施術《せじゅつ》を受けていた。亀頭増大手術後の経過が思わしくなかったうえ、3回目のレーザー照射の際、施術個所に強い痛みを感じた。施術を担当した被害者にその旨、訴えたところ、

「入れ墨を入れるより痛くないやろ」

などと言われ、立腹した野村はクリニック側に不満をぶちまけていた。

県警は、それらの事実から、被害者に遺恨を持った野村が田上と共謀して刃物で襲撃することを意思決定し、田上が田中組組長である菊地敬吾らに犯行を指示し、多数の組員が役割を分担して看護師を襲撃したと見立てたのである。

県警は、梶原事件で野村、田上を起訴する前日の14年10月1日、看護師を襲撃した組織的殺人未遂の容疑で野村、田上を再逮捕。田中組組長の菊地敬吾、実行犯の田中組若頭補佐の大石薫ら13人を逮捕した。最終的に16人が逮捕され、小倉支部は野村ら14人を起訴した。

その中に実行犯の大石をバイクで送迎した秋田が含まれていた。秋田は県警や地検小倉支部の取り調べに対し、看護師事件について克明に事実関係を供述し、工藤會からの離脱を表明した。

秋田は、元警部事件、このあとに触れる歯科医師事件でも自らが実行役であることなども供述。元警部事件、看護師事件、歯科医師事件とも、田中組の多数の組員が役割分担して行った組織ぐるみの犯行と判明した。

県警は15年7月6日、元警部を襲撃した組織的殺人未遂などの容疑で野村、田上を再逮捕。田中組組長の菊地、同組若頭の田口義高、瓜田《うりた》組組長の瓜田太らを組織的殺人未遂容疑で逮捕、起訴した。

歯科医師事件

そして4件目の事件である。2014年5月26日朝、北九州市小倉北区内の駐車場で、梶原國弘と太郎の親族である歯科医師が刃物で刺され重傷を負った。

勤務先に向かうため車から荷物を取り出そうとしたところ、いきなり背後から刃物で背中を刺された。犯人の男ともみ合ううち、歯科医師は胸、腹などを刃物で多数回突き刺され、重傷を負った。犯人は、待機していたバイクの後部座席に乗り、逃走した。

工藤會は、漁業補償交渉や港湾開発利権などで強い影響力を持つとみていた梶原・上野ファミリーに対し、執拗《しつよう》に利権交際を迫ってきたが、ファミリーの大黒柱で北九州市漁協理事の太郎は、工藤會の要求を一貫して拒絶してきた。

16年前に親族の梶原國弘が工藤會の前身の工藤連合草野一家系組幹部らに殺されても、半年前に親戚《しんせき》の北九州市漁協組合長、上野忠義が何者かに射殺されても、その姿勢は変わらなかった。

襲撃3日後の5月29日には、歯科医師について、

「カナラズヤル　カクゴシロ」

などと記した脅迫文が太郎宛《あて》に送付された。

歯科医師は漁協関係の仕事をしたことはなく、工藤會関係者との接点もまったくなかった。県警は、利権交際に応じない太郎に対する腹いせと見せしめのため、親族で

ある歯科医師を襲撃した疑いが濃厚と見立てた。

この事件の実行役は秋田だった。看護師事件で逮捕された秋田は、自らがかかわった事件について詳細に供述した。バイクの運転手役だった田中組組員、富山純一（仮名）らも同様に全面自白した。

さらに、梶原・上野の甥《おい》でファミリーの一員でありながら、田上ら複数の工藤會組員と親交があった良樹（仮名）がこの事件を機に田上らと決別し捜査に協力。田上とのやり取りを詳しく供述した。これが、この事件に対する野村、田上ら工藤會トップの関与を立証する決め手となった。

県警は15年5月22日、野村、田上が太郎を屈服させるため、見せしめとして太郎の親族である歯科医師襲撃を決定し、田上が菊地に指示して田中組本部長の中西正雄の統括の下、田中組の多数の組員が役割を分担、秋田が実行役として犯行に及んだとして、野村、田上、菊地、瓜田らを逮捕。地検小倉支部は、野村らを組織的殺人未遂の罪で起訴した。

第２章 「無法地帯」

産業国策が生んだ『花と龍《りゅう》』の土壌

工藤會が生まれた北九州市は、明治時代に創業した官営八幡《やはた》製鉄所の企業城下町として、また筑豊炭鉱群で産出する石炭の積み出し港として栄えた。全国から職を求める労働者や風俗産業が集まり、当時の当局が「不逞《ふてい》の輩《やから》」と見なす「犯罪者や流れ者」も流入。それらの人たちを統治し組織化する親分が台頭した。福岡県警が作成した捜査資料などによると、芥川賞作家の火野葦平《ひのあしへい》（本名、玉井勝則、故人）の代表作『花と龍』の主人公で、火野の実父でもある玉井金五郎（故人）もそうした親分の一人だった。中でも「大親分」といわれたのが吉田磯吉《いそきち》（故人）だ。〈16歳から、遠賀川《おんががわ》で石炭を運ぶ「川ヒラタ」の船頭として度胸と体力を培《つちか》い、25、

6歳ごろには数百人の船頭を率いる。数多くの決闘や殴り込みを経て、若松地区の他の顔役や親分を平定。花柳界、炭鉱、興行界を庇護《ひご》下に〉置いたとされる。〈北九州に進出。中央政財界に食い込み、大正4年（1915年）3月、総選挙に出馬し、民政党の院外勢力として隠然とした影響力を行使〉したとも資料には記されている。

吉田は、福岡県でトップ当選し、（立憲）民政党の前身の憲政会や民政党の議員として満州事変勃《ぼっ》発《ぱつ》翌年の1932年まで在職した。

捜査資料によると、吉田の子分で炭鉱の坑夫を統率する納屋頭《なやがしら》だった富永亀吉は北九州から神戸に進出。神戸港の労務作業に人夫を供給する富永組を興《おこ》し大親分になった。富永の子分でやはり納屋頭をしていた大島秀吉が富永に呼び寄せられ、富永亡《な》きあと、神戸ヤクザ界のトップになった。その大島の子分の山口春吉《はるきち》が沖仲士の集団、山口組を結成。初代山口組組長となった。

資料のとおりなら、日本最大の広域暴力団山口組のルーツは、北九州だったともいえるのだ。暴力団に詳しいフリージャーナリストの猪野《いの》健治は著書『やくざと日本人』（ちくま文庫）で吉田を、

「『現代やくざの鼻祖』といわれる」「系譜的に見るならば、伝統的なやくざ組織の大

部分が吉田磯吉となんらかのつながりをもっている」と表現した。ただ、吉田は、「川筋気質《かわすじかたぎ》」を代表する人物で、多くの民事紛争を調停してはいるが、いまの暴力団の親分のような存在ではなかったと思われる。「川筋気質」とは、遠賀川流域で暮らす人たちの気性を指す言葉で、自律性、先進性に富み、忍耐・自己犠牲の意識が強い反面、腕力支配・暴力的統制などの特徴があるとされる。

元福岡県警暴力団対策部副部長で北九州の暴力団事情に詳しい藪《やぶ》正孝は「彼（吉田）を『ヤクザ』とは思っていない」「磯吉の汚名を濯《すす》ぎ」たいと著書『県警VS暴力団』（文春新書）で記している。（＊）

工藤會の歴史

工藤會は、戦後の混乱が続く1946年（昭和21年）、工藤組として発足した。組長は工藤玄治《げんじ》、ナンバー2の若頭は草野組組長の草野高明だった。

門司《もじ》、小倉、戸畑、八幡、若松の5市が合併して北九州市が発足した63年、同市の興行利権をめぐり工藤組（工藤玄治組長）と、三代目山口組（田岡一雄組長）系暴力団との対立が表面化する。

山口組系興行会社の事務所設置をめぐるトラブルから、工藤組が同事務所を襲撃。

報復として工藤組幹部が山口組系組員に射殺された。これに怒った工藤組組員が山口組系組員2人を拉致《らち》。市内の紫川河川敷《むらさきがわ》で撲殺する事件が起きた。実行犯は逮捕された。

のちに工藤連合草野一家系田中組組員に射殺される梶原國弘も、この「紫川事件」に関係した。県警の捜査資料によると、梶原は工事用の砂利などの販売を手掛ける一方、暴力団梶原組を結成。山口組の傘下《さんか》に入り、興行権をめぐり工藤組系暴力団と争った。殺人未遂などで服役。梶原組を解散した。

この「紫川事件」を機に、福岡県警は北九州市の暴力団壊滅作戦に乗り出した。66年、同事件に関連する殺人容疑で工藤組若頭の草野高明を逮捕し、服役させる。草野は獄中で工藤に無断で草野組の解散を宣言し、破門された。

県警は70年ごろまでに当時の工藤組の構成員約280人のうち約200人を逮捕。「長期にわたる取締りが効果を挙げた。組織と統制力の上から工藤組は事実上壊滅寸前にある」と勝利宣言を行った。

ところが、70年前後から刑期を終えた組員が続々と出所。工藤組は工藤会と名称変更し組織を再編強化。一方、77年に出所した草野は草野一家を結成。79年には工藤会副理事長の田中組組長が草野一家極政会組員に射殺され、以後81年にかけて双方の幹部が殺される激しい抗争が起きた。

81年8月、極政会組長の溝下秀男が草野一家ナンバー2の若頭に、86年5月には野村が工藤会理事長・三代目田中組組長にそれぞれ就任する。翌87年6月、工藤会と草野一家は合併し、工藤連合草野一家を結成。再び九州最大の暴力団となった。「紫川事件の轍《てつ》を踏んではいけない」が福岡県警幹部の合言葉となる。


工藤連合草野一家では、総裁に工藤、実質ナンバー1の総長に草野、ナンバー2の若頭に溝下、それに次ぐ本部長に野村がそれぞれ就任した。90年12月に草野が引退。溝下が二代目工藤連合草野一家総長を襲名した。野村は後任の若頭になった。

93年、北九州の合田一家系組織と、門司の土谷会が工藤連合草野一家に参入。北九州地区はすべて工藤連合草野一家の縄張りとなった。膨れ上がった組織は以前にもまして凶暴になり、市民に甚大《じんだい》な被害を与えることになった。

99年1月、工藤連合草野一家は三代目工藤會に名称変更。溝下が三代目工藤會会長、野村がナンバー2の理事長となった。翌2000年1月、溝下は総裁に退き、野村が四代目工藤會会長に。03年2月、恐喝で服役していた田上が出所し、工藤會理事長・田中組組長となった。

溝下は08年7月に死亡。以降、主だった極政会系組員は殺害されたり追放されたりした。11年7月、野村が総裁に退き、田上が五代目工藤會会長、田中組若頭だった菊地が理事長・田中組組長となり、田中組の工藤會支配体制が確立した。（＊）

暴排・標章掲示店の経営者襲撃

工藤會の凶暴性は全国のヤクザの中でも突出していた。

野村と田上の摘発を狙《ねら》った福岡県警の「頂上作戦」が始まるまでの北九州市では、工藤會による市民襲撃が頻発した。

２０１２年９月７日午前０時58分ごろ、北九州市のスナックMの女性経営者が自宅マンション前でタクシーから降りたところ、待ち伏せしていた黒の目出し帽の男にいきなり刃物で左顔面を切り付けられ、さらに右臀《でん》部《ぶ》を刺された。止めに入ったタクシー運転手も左側頭部、左耳、左手甲を切り付けられ、重傷を負った。

事件5週間前の8月1日、福岡県は暴力団排除条例（暴排条例）を改正し、県公安委員会が発行する標章（ステッカー）を掲げた店への工藤會組員の立ち入りを禁じた。組員が標章掲示店舗に立ち入ると当局側が中止命令を出し、命令に違反すると、50万円以下の罰金に処す、というものだ。

暴力団対策法が暴力団から市民への不当な要求を主に禁じるのに対し、地方自治体が定める暴排条例は市民から暴力団への利益供与を禁じる。福岡県は10年4月、暴力団に利益供与した事業者への罰則を初めて盛り込んだ条例を施行したが、さらに暴力団を封じ込めるため、標章掲示条例を導入した。

「飲食店経営者の暴力団排除の意志を公安委員会が後押し」（県警）するものとされたが、飲食店側からすれば、暴力団排除には協力したいが、「暴力団の報復が怖い。でも、掲示を断って警察に睨《にら》まれるのも嫌」というのが正直なところだったのではないか。

そうした中、Mの経営者は「暴力団員立入禁止」の標章を掲げた。経営者の知人の男性は、

「工藤會関係者から『（経営者は）根性あるもんね。理事長（菊地）が飲みに来たのを断ったもんね』と聞いた」

と県警に供述した。標章掲示イコール工藤會との付き合い拒否、つまり、みかじめ料支払い拒絶の意思表示である。収入源を断たれる工藤會が黙っているはずはなかった。歴代の工藤會幹部が贔屓《ひいき》にしてきたクラブの経営者が、野村宅を訪ねた際、「標

章貼《は》ったんか」としつこく聞かれたとの情報もあった。

標章条例が施行された8月1日。早速、事件が起きた。北九州市内の標章掲示店の入る飲食ビルのエレベーター内が何者かに放火されて燃えているのを特別警戒中の警察官が発見。同14日未明には、標章掲示店が複数入る雑居ビル2棟のエレベーターが放火された。Mもそのビルのテナントのひとつだった。

9月26日未明には、市内のクラブNの営業部長が、自宅前で臀部を3回刺され重傷を負った。やはり待ち伏せだった。このクラブも標章を掲げていた。部長は、

「実行犯のほかにもう1人いた。背後から『殺すぞ』との怒号がした」

と県警に供述した。この事件発生を機に県警は、クラブNに逆探知の機器を設置。2日後の9月28日、Nが入居する飲食ビル内の13店舗に脅迫電話が入った。どすの利《き》いた男の声だった。

「標章つけているやろうが、覚悟しとけ」

「お前のところの上のもんに言うとけ、今度はお前の番ぞ」

飲食店経営者らは震えあがった。

この年4月19日には、元福岡県警警部に対する銃撃事件が発生していた。

警察庁は同日、全国の警察から機動隊員約150人を北九州市に応援派遣。工藤會

に対する警戒を強化していたが、それを嘲笑うかのように、工藤會は標章掲示店の経営者らを次々と襲撃した。

たまりかねた警察庁は、12年10月施行の改正暴力団対策法で新たに、市民らへの襲撃を繰り返す恐れがある暴力団を「特定危険指定暴力団」に指定。指定した警戒区域内で組員がみかじめ料などの不当な要求をすると、中止命令を経なくても逮捕できるようにした。福岡、山口の両県公安委員会が諸手続きを経て工藤會を「特定危険指定暴力団」に指定したのは12月27日。その間にも、飲食店を狙った犯行は続いた。

ようやく標章掲示店への襲撃がやんだのは、福岡県警が応援機動隊を200人に増やして警戒を厳重にしてからだった。結局、北九州市で標章掲示の飲食店や関係者を狙った放火、刺傷事件は11月3日までに計13件に上った。県警は、暴排スクラムに参加した市民を守りきれなかった。警察に対する市民の信頼を大きく損ねる結果となった。

反社テロの系譜

工藤會の市民攻撃はこれが最初ではない。

手元に、福岡県警が作成した2014年5月時点の「工藤會による組織的凶悪事件一覧」なるリストがある。野村が三代目田中組組長となった１９８６年5月から２０１４年5月までの28年間で、工藤會組員の犯行として捜査当局が摘発、または摘発にはいたっていないが工藤會の犯行と疑っている主な事件を列挙したものだ。

そのリストをもとに、工藤會が関与した主な市民襲撃事件をたどってみる。

長年対立してきた工藤会と草野一家が合併し工藤連合草野一家となった１９８７年は、昭和末期のバブルが膨らみ始めた時期だった。歴史的カネ余りの中、都市再開発などをめぐる投資ブームは全国に波及しつつあった。暴力団にとっても稼ぎどきである。工藤連合草野一家も利権拡大に動きはじめた。

同年12月、北九州市内にオープンしたヘルスセンターに自動販売機の設置を要求して断られると、組員らがセンターの駐車場の車39台に、塗装剥離《はくり》剤を撒《ま》き損壊させた。さらに翌88年1月、同じ組員らが多数の利用客がいるセンターの施設内に劇薬を投げ込み、客１５１人に傷害を負わせた。

県警が捜査に乗り出すと、同年3月、捜査を妨害するため、過激派を装《よそお》った工藤連合草野一家の組員が手製の猟銃で中国領事館に発砲。給湯室のガラスを破損した。さらに、同じ組員らが同月末、元県警捜査四課警部宅の物置から灯油缶を持ち出し、家の周囲に撒いて放火する事件が起きた。人的被害はなかったが、元警部、妻、娘は就寝中で、一歩間違えれば家族全員焼死の危険があった。組員らは後に逮捕された。

バブル期、地上げで大もうけした暴力団は傍若無人となり、全国で市民を巻き込んだ対立抗争が頻発した。

警察は取締りを強化したが抑えきれず、窮余の一策として暴力団を初めて反社会的勢力と公的に位置づけ、行政的規制を取り入れた暴力団対策法が91年に制定された。同法は一定の効果を上げたが、暴力団は規制の隙間《すきま》をかいくぐって不良債権処理やヤミ金融に進出。社会の脅威が減ることはなかった。

そして、バブル崩壊。イトマン事件（91年）、東京佐川急便事件（92年）などの大型経済事件が摘発されると、地価、株価の急落で巨額の負債を抱えた企業が、暴力団など反社勢力に千億円単位の資金を流出させていたことが次々と判明する。事態を重く見た警察と企業による暴力団排除活動が全国で展開されるようになった。

そのさなかの94年6月から10月までの間に、北九州市を中心に、警察の暴排運動に協力したパチンコ店やホテル、タクシー会社、銀行の支店などに対する18件の連続発砲事件が起きた。9月10日には、八幡西区役所の出張所まで被弾した。

県警は、二代目工藤連合草野一家（溝下秀男総長）系の組員による犯行と断定。

「警察と企業の暴力団排除キャンペーンに対する挑発」とみて、本部事務所などを捜索した。同一家幹部は報道陣に対し、「一家としては一切関与していない」と組織的関与を否定したが、一連の発砲事件のうち6件については工藤連合草野一家傘下の組員12人が一審で実刑判決を受けた。残りの事件は犯人がわからないまま時効が成立した。（＊）

安倍晋三宅に火炎瓶

工藤會は、政治家に対しても牙《きば》を剝《む》いた。

野村が四代目工藤會会長となって半年後の２０００年6月17日、当時、自民党衆院議員だった安倍晋三（のちに首相）の下関市内の自宅に火炎瓶が投げ込まれ、車庫と車を全半焼した。４日前の13日に衆院選が公示され、安倍は選挙運動のため自宅にいたが、けがはなかった。さらに、同月28日には安倍の後援会事務所にも火炎瓶が投げ込まれたが、発火せず大事にはいたらなかった。

事件から3年後、工藤會系の組幹部と会社社長が3件の非現住建造物等放火などの容疑で福岡、山口両県警に逮捕され、起訴された。07年3月、福岡地裁小倉支部は、組幹部らに懲役12～20年の実刑判決を言い渡した。判決は、会社社長が1999年の下関市長選で安倍が支持する候補の選挙に協力した見返りに金を要求したが断られ、その恨みを晴らそうと組幹部らと共謀して放火したと認定した。

07年3月9日の読売新聞夕刊は、判決に関連し、「この裁判で組幹部（記事では実名）は、安倍首相、昭恵夫人ら被害者ら4人に対する被害弁償金として約1000万円を山口地方法務局下関支局（下関市）に供託した。しかし、首相側は『受ける意思はない』として拒否している。（略）4人のうち、当時秘書だった男性は一度、供託金を受け取ったが、その後、弁護人に返還している」と伝えた。

2000年8月末には、野村らのプレーを断った北九州市の2つのゴルフ場で3回にわたりグリーンに廃油が撒かれた。

これは、犯人が特定されないまま威力業務妨害の罪は時効となったが、同年10月、工藤會系組員ら4人がゴルフ場支配人の自宅に侵入。寝ていた支配人は胸を刺されて重傷を負い、その後体調を崩して01年末に死亡した。犯人は逮捕された。

01年12月には、暴力団排除を掲げて当選した福岡県中間市長の選挙参謀だった市議が襲撃され、全身に殴る蹴《け》るの暴行を受けたうえ河川敷に突き落とされて、重傷を負った。この事件では、工藤會系組員3人が逮捕された。検察によると、組員は市議の車に発信器を仕掛け、居場所を把握して襲撃したという。組員はいずれも実刑判決を言い渡された。

03年8月18日には、小倉北区の高級ナイトクラブ「倶楽部《クラブ》ぼおるど」店内に手榴弾《しゅりゅうだん》が投げ込まれ、女性従業員ら12人が重軽傷を負った。容疑者の工藤會系組員は付近で男性従業員らに取り押さえられ、胸部圧迫のため死亡。国会質問でも取り上げられるなど、大きな社会的反響を呼んだ。

ぼおるど経営者は、以前から暴力団追放運動に熱心だった。襲撃前にも、店内に糞《ふん》尿《にょう》を撒かれたり、支配人が刃物で胸を刺されたりしていた。襲撃は、福岡県警が警戒を強めていたさなかに起きた。県警は爆破事件とは別の容疑で同組員十数人を逮捕し、店の周辺の警戒を強化したが、さらに繁華街にある警官詰め所近くで発砲が起きた。クラブはその後、廃業した。

北九州市は10年7月、暴力団排除条例を施行。ぼおるど事件が起きた8月18日を「市民暴排の日」と定め、毎年、暴力追放総決起大会を開いてきた。さらに県警も、事件を風化させないため毎月18日を「暴追の日」と定め集会を続けている。

経済界などの要請を受け、政府は03年から国を挙げて、経済取引からの暴力団排除に本腰を入れる。多くの都道府県が暴力団排除条例を策定。市民や事業者が暴力団に資金を提供することを反社会的な行為として規制し始めると、暴力団は「権益」を守るため、銃撃など市民を畏怖《いふ》させる事件を相次いで起こすようになった。北九州市ではそれが格別に激しかった。

04年1月25日、暴力団追放運動の先頭に立っていた北九州市議会議長宅が銃撃され、さらに同年5月21日には、同じく運動を進めていた自民党福岡県連幹事長の自宅に銃弾が撃ち込まれた。幹事長宅の事件では工藤會系組員2人が摘発されたが、市議会議長宅の事件は未解決のままだ。

10年3月15日には、工藤會の事務所に立ち退《の》きを求めた北九州市小倉南区防犯協会・自治総連合会会長宅に銃弾6発が撃ち込まれる事件が起きた。

同月末には、暴排運動の先頭に立っていた北九州市長の北橋健治宛《あ》てに、

「北橋調子に乗るな　お前のやっていることは必ず家族を巻き込むことになるぞ　これは忠告ではなく警告だ」

との内容の脅迫状が届いた。

建設業者も標的

建設業界も工藤會の標的となった。

福岡市のオフィス街にある大手ゼネコン大成建設九州支店に向けて男が拳銃《けんじゅう》を発砲したのは2000年6月12日午後5時前。入り口のガラスが割れただけで負傷者は出なかったが、まだ明るいうちの大胆な犯行だった。

県警は、公共事業受注にからみ工藤會へのみかじめ料支払いを拒否した腹いせとみて捜査。工藤會系組幹部を逮捕した。同幹部は他の事件とあわせ有罪判決を受けた。

04年6月には、北九州都市高速道路の橋梁《きょうりょう》改築工事を請け負った銭高組北九州営業所と、下請け業者の事務所が銃撃された。福岡県警は、両社が工藤會と親交のある業者の参入を拒んだため組員らが威嚇《いかく》して利権を確保しようとしたとみて、工藤會系組員数人を逮捕。判決は、工藤會の組織的犯行と認定した。

05年8月には、北九州市の建設会社の社長宅に銃弾が撃ち込まれた。これも、工藤會系業者の公共事業への参入を拒否したのが原因とみられた。この建設会社については、12年1月にも社長が銃撃され重傷を負った。工藤會系幹部ら2人が逮捕されたが、無罪となった。

06年に入ると、建設業や関連業界に対する発砲事件はさらに頻発する。

06年2月26日、新日鉄関連の橋梁メーカー、日鉄ブリッジ社長宅が銃撃された。7月9日にはプラント建設の太平電業九州支店が銃撃され、11日には、同北九州市の宮本建設工業社長宅が放火された。

12月4日には、福岡市の清水建設九州支店が入るオフィスビルの玄関に銃弾が撃ち込まれ、翌5日には、同市の熊谷組九州支店、北九州市の山喜建設、同市の浅沼組北九州営業所が相次いで銃撃された。

県警は、熊谷組については、みかじめ料を拒否したことに対して、残る2社については、元請けの大手ゼネコン大林組に対する嫌がらせとみて捜査したが、いずれも犯人は捕まっていない。複数の大手ゼネコンに対する嫌がらせとみられる発砲や放火は11年5月まで断続的に続き、二十数件を数えた。

最も執拗《しつよう》に狙われたのが清水建設だった。

07年11月には、清水建設が工事を請け負っていたトヨタ自動車九州の小倉と苅田《かんだ》の工場にある建設事務所が銃撃されたほか、08年9月には、小倉工場に手榴弾2発が投げ込まれ、変電施設を壊した。いずれも同建設に対する嫌がらせとみられた。

10年4月6日には、清水建設と取引のある西部《さいぶ》ガス関連会社が入居するビルが銃撃された。翌7日には、西部ガス役員の実家にも銃弾が撃ち込まれた。11年2月9日には北九州市内の清水建設の工事事務所内に侵入した男が男性従業員に向け発砲、従業員は腹部に大けがを負った。

同年3月5日未明には、九州電力会長宅と西部ガス社長宅に手榴弾が投げ込まれた。いずれも負傷者はいなかったが、九州電力は、西部ガスが建設中の液化天然ガス（LNG）受け入れ施設の運営会社に出資していた。福岡県警は、LNG施設建設利権をめぐる嫌がらせとみているが、清水建設との関係は不明である。リストによると、清水建設に関連するとみられる襲撃は12回に及んだが、11年2月9日を最後にピタリとやんだ。

金の切れ目は、射殺

2011年11月26日、北九州市の中堅の建設会社「A建設」の会長が、福岡市での大相撲見物から車で帰宅したところ、2人乗りのバイクの後部座席の男に銃撃され、死亡した。

建設業界の関係者に衝撃が走った。

県警の捜査資料によると、会長は、大手ゼネコンB社の下請けである地元建設業者

福岡県警が押収した大量の銃と弾薬（2011年）

の取りまとめ役として知られ、B社関連工事で工藤會にみかじめ料を支払う窓口を務めてきたとされる。B社の意向を受けて工藤會と手を切ったため、見せしめとして殺害された疑いが濃厚と県警は見立てた。

事件の背景には、6年前の05年暮れ、ゼネコン大手4社が入札談合で受注調整しないことを申し合わせた談合決別宣言があった。

暴力団の一番大きい収入源は、公共工事などで建設業界が「地元対策費」の名目で支払うみかじめ料だ。それは、工藤會であれ、山口組であれ変わらない。受注工事額の数パーセントが暴力団のふところに入ってきたとされる。

その原資を捻出《ねんしゅつ》する装置が建設談合だった。

例えば、100億円でできる工事を、談合によって受注価格を吊《つ》り上げて120億円で受注し、下請け業者からその差額20億円をキックバックさせれば、建設会社は懐《ふところ》を痛めず、同額の「裏金」をつくれる。その一部が暴力団など反社勢力に渡り、残りは政治献金などに流れてきたのだ。

談合決別宣言によって、大手の談合はもとより、全国津々浦々で中堅、中小の地元業者が重層的に行ってきた建設談合もやりにくくなり、みかじめ料の原資を作れなくなった。しかし、「カネがないので払えない」と言っても暴力団は納得しない。相次ぐ発砲事件に恐れおののいたゼネコンが北九州地区の建設工事から撤退すると、矛先は、地元業者の取りまとめ役に向かう。そしてついに死人が出た――と建設業界は受け止めたのだった。


日本では、こうした建設談合の負の構造に長らく本格的な捜査のメスが入らず、「弱い業者を落ちこぼれさせないための必要悪」として容認されてきた。公共事業ではむしろ、発注側の国や自治体が業者側の談合による受注調整をリードする、官製談合が一般的だった。

コペルニクス的転回が起きたのは、冷戦が終結した1990年代初めのこと。日本との経済競争に舵《かじ》を切った米国が日本政府に建設市場の開放を迫り、建設談合こそ最大の参入障壁として排除するよう強い圧力をかけたのだ。日本は、安全保障を米国に頼り、米国市場への輸出で繁栄を謳歌《おうか》してきた。いやも応もなかった。

公正取引委員会と検察がタイアップして談合摘発が始まった。まず慣らし運転として17年ぶりの公取委の告発となるラップカルテル事件（91年）や目隠しシール談合事件（93年）の摘発。この、いわば「国策」の法執行をマスコミもバックアップした。

東京地検特捜部は、93年3月に脱税容疑で逮捕した金丸信《かねまるしん》・元自民党副総裁に対する捜査の一環で大手ゼネコンから押収《おうしゅう》した裏帳簿をもとに、同年6月、仙台市長を公共事業発注をめぐる1億円の収賄《しゅうわい》容疑で逮捕した。

贈賄側の清水建設などゼネコン4社は、市長が本命業者に「天の声」を出すのを期待して、それぞれ賄賂《わいろ》を数千万円ずつ分担していた。特捜部はさらに茨城、宮城の知事を同様の収賄容疑で逮捕。贈賄容疑でゼネコン大手の経営トップを軒並み逮捕し、公取委の建設談合告発を潰《つぶ》そうと圧力をかけたとする斡旋《あっせん》収賄容疑で元建設相まで摘発した。

それらの汚職の背景には、建設業界の談合があった。ゼネコン事件摘発前、建設業者の談合組織は全国に存在し、地方自治体が発注する公共事業を談合で受注していた。発注者側と通じた地域の顔役が談合に介入、調整がつかないと、発注者側の「天の声」を求めて巨額の賄賂が乱れ飛んだ。

国の出先機関である地方建設局（現・地方整備局）でも、発注工事での官製談合が普通に行われていたが、ゼネコン事件の摘発を機に発注工事をめぐる受注調整から手を引いた。

一方、公取委は建設業界を含む様々な業界の談合を独禁法違反で次々に摘発。業者に課徴金を課した。さらに摘発を強化するため、2006年1月から、談合仲間を裏切って自首すれば課徴金の減免を受けられる課徴金減免制度を導入した。

ゼネコン大手4社のトップが談合決別を決めたのは、同制度が施行される直前だった。

国民の多くはこの宣言の実効性に半信半疑だったが、ゼネコン大手トップは本気で談合排除に取り組んだ。決別の実《じつ》を上げるため、全国の談合担当者の配置転換まで行った。

まもなく効果が表れた。入札での業者のたたき合いが始まり、発注予定価格を大幅に下回る入札が相次いだのだ。これが暴力団へのみかじめ料に大きく影響した。

例えば、発注者が１００億円はかかると見込む工事を、仕事ほしさに99億円で落札すると、足が出て裏金捻出どころではなくなる。当然、下請けの建設業者側も地元対策費を捻出できず、暴力団に対するみかじめ料支払いを拒否することになる。

捜査資料によると、北九州地区で建設関連業者への本格的な発砲事件が始まったのは06年2月から。業者側が談合決別宣言を受けて、工藤會へのみかじめ料支払いを停止したことに対する反発と推測される。政令指定都市なのに、大手ゼネコンは支店を閉鎖したり、出張所に格下げしたりして、公共事業に手を挙げなくなった。

そして、地元業者は、ゼネコン側からは「工藤會と手を切れ」と迫られる一方、工藤會側からは「裏切るのか」と圧迫を受け、最悪の場合は殺される。理不尽極まりない話だった。

捜査は後手に回り、未解決事件の山ができた。県警が作成した14年5月時点の「工藤會による組織的凶悪事件一覧」に記された発生事件は、１９８６年11月7日の草野一家系幹部殺傷事件から２０１４年5月26日の歯科医師襲撃事件まで１３４件あった。

うち、「一覧」作成時点で実行犯の組員が検挙されているのは44件。残り90件は、その時点では未解決だった。時効が成立した事件も多かった。

第3章　県警・地検に集められた精鋭たち

暴走の原因は何か？

工藤會はなぜ、かくも、暴走するにいたったのか。

「もともと、北九州市で工藤會が巣くう地域は、警察と暴力団のどちらを市民が支持するか、分かれるようなところだった。学校で子供が工藤會について『かっこいい。おれも将来、組に入る』と言うような土地柄だ。だから、市民の協力が得られず、工藤會の摘発が進まない。それをいいことに工藤會は横暴の限りを尽くす」

九州に勤務経験のある元警察庁幹部はこう語った。一種の「風土」論だ。

東京から見ていた間、筆者も「風土論」に一定の説得力を感じていた。しかし、実際に捜査現場を取材すると、違う気がした。そもそも北九州市民が聞けば、怒り出すだろう。

福岡県警暴力団対策部長として「頂上作戦」の指揮をとった千代延晃平《ちよのぶこうへい》・群馬県警本部長（24年1月から警察庁長官官房審議官）は21年7月、筆者の取材に対し、「風土論」についてこう反論した。

「工藤會がヤクザとして特殊なわけではない。トップと実行犯の個性の組み合わせで組織として暴走した。北九州市民、福岡県民は、工藤會がもたらす負のイメージ、レッテルを剝《は》がしてほしいと思っている」

確かに、日本の近代化の原動力になった産業都市は北九州だけではない。人が集まり活気が出れば、もめごとの仲裁で暴力団が出てくる。それは全国どこでも同じだ。ただ、山口組、稲川会、住吉会などの指定暴力団は、暴力団同士の抗争で殺し合いはするが、市民に銃は向けない。

上意下達が徹底している工藤會では、千代延が指摘するように「トップと実行犯の個性の組み合わせによるところ大」とみるしかないのだろう。県警はトップ3の野村、田上、菊地について、それぞれ性格診断を試みているが、その内容は機微に触れるため、ここでは紹介しない。

福岡県には、北九州市が根城の工藤會をはじめ、地元に根を張り、全国組織でない独立組織の指定暴力団が5つもある。田川市の太州会《たいしゅうかい》、久留米市の道仁会《どうじんかい》、大牟田《おおむた》市の浪川会《なみかわかい》、福岡市の福博会《ふくはくかい》。福岡市には山口組と神戸山口組の傘下《さんか》組織もある。「暴力の街」のイメージが強まったのには、2006年から13年まで続いた道仁会と九州誠道会（浪川会の前身）の激烈な抗争も大きく影響している。市民を狙《ねら》ったわけではないが、工藤會の市民襲撃と同時並行で起きたため、より一層悪い印象が広がった面もあったとみられる。

「みかじめ料市場」独占の帰結

工藤會の暴走には、「トップと実行犯の個性の組み合わせ」以外にも、いくつかの要因があると思われる。

ひとつは、工藤會による北九州市の「みかじめ料市場」の独占が挙げられる。

1950年代から60年代にかけて、北九州市に進出していた山口組は次々と撤退し、93年に工藤連合草野一家が合田一家の残党などを吸収合併してからは、北九州市エリアの暴力団は工藤會だけになった。北九州市ほどの規模の都市で、ひとつの暴力団が覇権を握るところは全国どこを探してもない。

暴力団のみかじめ料ビジネスは、建設会社や飲食店に対する、他の暴力団による業務妨害を抑え込むことで成立する。要は、用心棒行為の対価としてみかじめ料を受け取るのである。

もちろん、建設会社や飲食店が暴力団など反社会的勢力にカネを渡す場合でも、喜んで支払ってきたわけではない。

例えば、建設会社が受注した工事を始める前に、暴力団ともつながる地域の顔役に「挨拶《あいさつ》」、つまり金を包まないと、夜間、何者かによって現場事務所のガラスを割られ、トラックのタイヤをパンクさせられる。

本来は、そういう嫌がらせがあれば、警察に被害届を出し、警察が捜査して犯人を摘発すべきだが、犯人不詳の軽微な被害の場合、警察は被害届を受理しても、すぐには動けない。弁護士に相談しても事情は同じで、訴訟額が小さい被害なら受任も断られるだろう。

嫌がらせは次第にエスカレートする。建設会社は従業員の安全のため、工事を止めざるを得なくなり、工期遅れで大きな損失を抱える。そうした事態になるのを避けるため、その顔役に泣く泣く、金を払って「実行犯」を抑えてもらう。もしくは、その顔役以上に強力な別の顔役ないしは暴力団にみかじめ料を払い、業務妨害から守ってもらう。

関西ではこの種の「経済行為」を「前さばき」と呼ぶ。飲食店も同じだ。客を装《よそお》ったその筋の者が堂々と出入りし、一般の客の前で暴言を吐いたりすれば、客は来なくなる。そうなると商売が成り立たない。その筋に顔の利《き》く暴力団に用心棒になってもらうしかない。

こうやって、日本の多くの地域で、一種の必要悪として、暴力団の「みかじめ料」ビジネスが成立してきたのだ。

競合組織がなくなったことで、工藤會と建設会社、飲食店などとの関係は根本から変わった。

工藤會以外に暴力団はないのだから、建設会社や飲食店は工藤會に他の暴力団から守ってもらう必要はなくなった。用心棒ビジネスは成立しなくなったのだ。しかし、組織を維持し、組員を食わせるにはカネがいる。工藤會は、建設会社や飲食店にあれこれ業務妨害を仕掛けては、邪魔されたくなければ金を出せ、と迫るようになる。

これは、典型的な恐喝だ。93年にその構図ができてしまった。

工藤會にとって唯一《ゆいいつ》の「敵」は警察だが、法と証拠によって行動する警察は、アウトローで神出鬼没の工藤會に翻弄《ほんろう》された。警察の暴力団排除運動に協力した企業に次々と銃弾が撃ち込まれたのに、警察は犯人をほとんど捕まえられなかった。

工藤會は増長し、市民に対して一層、居丈高になる。言うことを聞かないと、すぐ拳銃《けんじゅう》やナイフを向けるようになったのである。トップが溝下から野村に代わっても、その構図は変わらず、凶暴性は加速した。

そして、工藤會暴走のふたつめの要因は、第2章でも触れた談合決別宣言だ。

全国の建設会社は談合しなくなり、入札はたたき合いになった。受注価格は、予定価格を大幅に下回ることも珍しくなくなった。建設会社は受注価格を談合で吊《つ》り上げて暴力団に対する「みかじめ料」の原資を捻出《ねんしゅつ》していたが、それができなくなった。

工藤會の最大の収入源だった、建設業者からのみかじめ料は細った。食い扶持《ぶち》を確保するため、建設業者の事務所や自宅に発砲を繰り返し、時には経営者を襲撃して恐怖で締め上げた。

黒澤明監督の名作『七人の侍』に登場する戦国時代の略奪集団「野武士」そのものである。巨大な利益を生む漁協・港湾開発利権に食い込むため、梶原・上野ファミリーに襲撃と恫喝《どうかつ》を繰り返してきたのも、同じ理由からだろう。

取締り側の問題

工藤會の暴走の要因は、暴力団を取り締まる警察、検察側にもあった。攻撃は最大の防御。この格言は、暴力団対策でも同じだ。迅速な犯人摘発が最善の犯罪抑止策である。しかし、次々と襲撃事件が起きるのに、警察は犯人を検挙できなかった。たまに末端の組員を検挙して起訴しても、被害者や目撃者の協力が得られず、無罪になることが少なくなかった。大元の、工藤會トップの摘発など夢のまた夢。警察、検察の北九州市における治安機能は事実上、破綻《はたん》していたのだ。

福岡県警には気の毒な面もあった。

先にも触れたが、福岡県では指定暴力団・道仁会（久留米市）と、同会の跡目相続をめぐり分裂した九州誠道会（その後、浪川会に改称、大牟田市）が2006年5月から県内外で激しい抗争事件を繰り広げた。夕方の住宅街で射殺事件を起こしたり、相手の組事務所に手榴弾《しゅりゅうだん》を投げ込んだりし、13年6月時点で双方の死者は14人、負傷者は13人に上っていた。

暴力団同士の争いとはいえ、市民を巻き込むこともあった。県警は、工藤會事件と同時に、道仁会・九州誠道会抗争についても取締りを強化する二正面作戦を強いられた。

県警は2010年に暴力団対策部（暴対部）を新設。暴力団取締りを担《にな》ってきた捜査四課を、主に道仁会抗争を取り締まる「暴力団犯罪捜査課」(暴捜課)と、工藤會事件専従の「北九州地区暴力団犯罪捜査課」(北暴課)に分課し取締りを強化した。

工藤會対策の最前線である北暴課は、北九州市にある県警の出先、北九州市警察部の中にある。北暴課の歴史は、県警の工藤會対策の歴史そのものである。

そもそもは、03年3月、刑事部捜査四課に「北九州地区暴力団犯罪対策室」を設置したのが始まり。その後、06年4月、名称を「北九州地区暴力団総合対策現地本部」に変えたうえ、工藤會の資金源を断つ目的で捜査二課の1個班、捜査三課、生活安全課、少年課の課員らを北九州地区に常駐させ、被害者保護対策に当たる警察官を指名するなどして工藤會対策に当たった。

さらに、09年1月、小倉北署に工藤會撲滅推進室を設置したほか、4月には、「現地本部」の陣容を強化。刑事部捜査四課に「北九州地区暴力団犯罪特別捜査室」を設置。内偵特捜班や、発砲特捜班などを創設した経緯がある。

しかし、北暴課発足当初は目に見える成果は上がらなかった。やはり二正面作戦は大きな負担だった。流れが変わるのは12年の改正暴力団対策法に基づき、工藤會が「特定危険指定暴力団」に、道仁会と九州誠道会が「特定抗争指定暴力団」に指定されてからだ。組員らは集合、事務所への立ち入りが禁止され、道仁会と九州誠道会は抗争継続が困難になった。13年6月、九州誠道会が看板を外し、道仁会が「抗争終結」を宣言した。

これによって県警はようやく、工藤會に対して全力を注げるようになったのだった。

「ひね」

北九州地方では、警察官のことを「ひね」と呼ぶ。街で子供がパトカーの警察官を見て「ひね、頑張って」というと、母親が「しっ」と子供の口を覆《おお》う。同じ福岡県でも福岡市では使わない。ネット上の「日本語俗語辞書」によると、「『ひっそりと狙う』を略した言葉で、警察官を意味する」とあるが、北九州で使われる「ひね」には、「ひねくれもの」にも通じるような、なんともいえない、侮蔑《ぶべつ》の響きがある。北九州市民の警察に対する複雑な感情を象徴するかのようだ。

その原因のひとつが、相次ぐ福岡県警の腐敗発覚である。

２００１年12月、福岡県警の現職警察官が捜査情報提供の見返りに捜査対象者から現金を受け取っていたことが県警の捜査で発覚。逮捕・起訴された警察官４人が受け取った賄賂《わいろ》は、立件分だけで３１２０万円に上った。贈賄側は福岡市の繁華街・中洲のカジノバー経営者ら4人と指定暴力団「道仁会」会長の松尾誠次郎の計5人。03年7月までに警官4人の実刑判決が確定した。

事態を重く見た国家公安委員会と県警は、当時とその前の本部長2人を含む23人を処分した。福岡県警と暴力団の癒着《ゆちゃく》の根深さを示す事件だった。

07年5月には、福岡県警の警部補が窃盗《せっとう》グループに捜査情報を漏らした見返りに、グループ側から現金数十万円を受け取っていたとして加重収賄の疑いで逮捕された。

12年7月には、県警東署刑事二課の警部補が、工藤會の親交者に恐喝事件の捜査情報を漏らした見返りに現金10万円を受け取ったとして逮捕され、収賄の罪で起訴された。一審は無罪となったが、控訴審で逆転有罪となり最高裁で確定した。

福岡県内では前年の11年に全国で最も多い18件の発砲事件があり、11月には北九州市で中堅の建設会社社会長が射殺される事件も起きたが、容疑者を逮捕できたのは会長射殺を除く2件だけだった。

そうした中で起きた不祥事に、市民の県警に対する信頼は失墜。「県警は何をやっているのか」と厳しい批判が上がった。

その一方で、県警の暴力団に対する捜査の手法について、1990年代から地検や警察内部に「摘発のためには手段を選ばない」「独善的」との批判があった。

特に、工藤會の資金源と見立てていた漁協関係者や建設業者に対する警察の捜査は乱暴だった。「暴力団の資金源を止める」などとして、繰り返し漁協関係者を背任などの容疑で逮捕したが、容疑が固まらず起訴できないことがままあったのだ。起訴できない捜査は、結果として「言いがかり」になる。漁協、建設業者らの反発は強かった。彼らは、拳銃を突き付けて恐喝する工藤會も嫌ったが、警察も同様に嫌った。それが、工藤會の摘発が進まない一因になったと筆者はみている。

検察と警察の不毛ないがみ合い

福岡県警と検察の不仲も、工藤會捜査の停滞を招いた一因だった。

一部の不心得者の所業とはいえ、情報漏洩《ろうえい》などの不祥事続発は、県警の士気の低下を示すものだ。検察には、警察の捜査が適正手続きで行われているかをチェックする役割がある。福岡地検や小倉支部の検事たちが、県警の捜査を警戒し、送致をうけた証拠の内容や収集方法について厳しい判断をするのは理解できなくはない。

検事たちにとって、乱暴な捜査で起訴できないような事件を押し付けられるのが何より困る。無理に起訴して無罪になれば、起訴した検事には罰点がつき将来のキャリアに影響するからだ。ただ、捜査している警察側からみると、それは、検察のやる気のなさと映る。

県警と検察の仲の悪さを象徴するのが、2001年2月、報道で発覚した福岡地検次席検事の山下永寿《えいじゅ》の情報漏洩疑惑だ。

福岡高裁判事の妻が、伝言サービスで知り合った会社員をめぐり三角関係になった女性に脅迫メールを送り、会社員の勤務先に嫌がらせ電話をするなどのストーカー行為を繰り返したとして、実刑判決を受けた。

山下は、その捜査を進めていた警察に無断で判事と面談し、判事の妻がストーカー行為で告訴されて捜査対象になっており、確実な証拠があることなどを伝えた。その結果、妻は携帯電話を廃棄するなど証拠隠滅を図り、容疑を否認した。

県警は「捜査妨害、事件潰《つぶ》しだ」と受け止めて強く反発。マスコミも、山下が判事に弁護士を紹介していたのに「していない」と会見で嘘《うそ》をついたため、厳しく糾弾した。法務省には「検察は独善的」「特権意識丸出し」などの批判が殺到した。

山下は国家公務員法違反（守秘義務違反）で告発された。嫌疑不十分で不起訴処分となったが、停職6カ月の懲戒処分を受け引責辞任した。

この当時、検察幹部には、「県警幹部が各社の記者に対し、捜査にかかわる山下次席の関与を批判し、その詳細を説明している」との情報が伝わっていた。検察側は、福岡県警がこの事件を機に、検察に不利な話をマスコミにリークして積年の恨みを晴らそうとしているのではないか、と受け止めた。

これには伏線があった。

1994年12月28日、福岡県警南署長の古賀利治が、署長官舎のトイレで首つり自殺した一件である。古賀は、勇猛な軍用犬「ドーベルマン」に例えられるやり手の警察官で、県警の暴力団捜査の第一人者だった。反面、手続きより結果を重視するスタイルには、検察はもちろん、警察内部にも批判があった。

部下の署員が覚醒剤《かくせいざい》事件で事件関係者の家宅捜索令状を請求する際、拘置中の被疑者に署名、捺印《なついん》させた白紙調書に虚偽の事実を記入していた疑いが強まり、県警が虚偽公文書作成、同行使などの疑いで捜査していた。古賀は「監督者として責任を感じた」という内容の遺書を残した。

「古賀の薫陶《くんとう》を受けた暴力団担当刑事らは、検察を恨んだ。調書偽造事件を検察の指導で立件させたと受け止めたからだろう」

と、山下事件の調査にもかかわった元検事長は言う。

かつての検察には、古賀がラフな捜査をしても、その熱意を買って捜査が破綻しないよう、事実上、尻《しり》ぬぐいをする検事もいた。そういうこともあって、暴力団担当刑事らには、検察に裏切られたとの思いがあったのかもしれない。

「そういう思いがくすぶる中で、警察側が山下の言動を事件潰しと受け止めたこともあって、警察とマスコミがタイアップしてのものすごい反検察キャンペーンとなった。両者の関係悪化を案じた法務省幹部が警察庁幹部に『撃ち方やめにして』と持ち掛けたが、『そうしたいが、県警が燃え上がっていて言うことを聞かない』と。あれ以来、検察は県警とぎくしゃくしてきた」(元検事長)。

ともに暴力団など反社会的勢力と対峙《たいじ》し、市民の安心・安全を担うべき治安機関である警察と検察が、市民そっちのけでいがみ合う。これでは工藤會の封じ込めなどできる訳がなかった。

余談ながら、当時、「百年に一度」の司法制度改革に取り組んでいた法務省はこの事件で「詰め腹」を切ることになった。「検察が独善に陥ることを防ぎ、検察に対する国民の信頼と理解を得る上で大きな意義がある」として、日弁連などが求めてきた検察審査会の強制起訴制度への同意を表明。検察の起訴独占に事実上終止符が打たれた。

追い詰められた警察庁

工藤會の暴走に、日本の治安に責任を持つ警察庁や法務・検察当局は、危機感を強めた。双方の幹部たちが公式、非公式の会議や会合で顔を合わせるたび、工藤會の市民襲撃が話題になった。

たまりかねた福岡県知事、福岡県公安委員長、福岡市長、北九州市長は2011年4月、暴力団取り締まり強化のため連名で、通信傍受の要件を緩和し、取り調べの録音・録画から暴力団犯罪を外すべき、とする要請書を法務省などに提出。12年1月には、事態を重視した法制審議会の「新時代の刑事司法制度特別部会」の委員ら約30人が工藤會総裁の野村の豪邸や、工藤會本部事務所を視察した。

暴力団対策の最前線を担う警察・検察のそれぞれの元締めである警察庁と最高検・法務省。その責任者たちにとって工藤會事件は、いち地方の暴力団の事件ではなくなっていた。

工藤會が市民襲撃という「禁忌」を軽々と破る特異な暴力団だったとはいえ、その暴走を止められない警察の捜査力について、国民が疑問を抱き始めていた。また、たまに工藤會組員らを起訴しても、無罪判決が目立つ検察も同様に、存在意義を問われていた。

さらに不気味だったのは、日本最大の暴力団・山口組（15年8月末に山口組と神戸山口組に分裂）や住吉会、稲川会など、他の広域指定暴力団が「やりすぎると、暴力団全体に風当たりが強くなる」と迷惑がるそぶりを見せながらも、興味津々《しんしん》で警察・検察当局と工藤會の戦いを見守っていたことだ。

暴力団というなりわいは、市民が暴力団を畏怖《いふ》するのが前提となる「恐怖産業」だ。彼らにとって、工藤會の暴走は、体を張って市民社会に「暴力団は怖い」との意識を植え付け、基盤を強化してくれるありがたいデモンストレーションだった。

もし、警察が工藤會を摘発できなければ、「それなら、俺たちも」と、全国で同じような事件が起きる恐れがある、そうなれば日本の治安は崩壊する——警察庁の首脳らは本気でそう、受け止めたのだ。

福岡県警の捜査現場は悪循環にはまっていた。

２０１３年3月時点の福岡県警の暴力団対策部の捜査員は約４００人。工藤會組員はトップの野村が逮捕される約9カ月前の13年12月末で構成員、準構成員含め約９５０人。県内の他の暴力団組織の組員を合わせて約２７１０人。それに対応する捜査員４００人というのは、決して少ない人数ではない。摘発が進まないのは、工藤會特有の事情があったからだ。

工藤會のヒットマンは神出鬼没だった。たまに実行役の末端組員を捕まえても、上層部の関与を一切認めなかった。上層部の関与を供述すれば、自分や家族の命が危うくなると組員らは恐れていた。組織の「鉄の結束」が捜査の壁となり、工藤會トップの野村や、ナンバー2の田上ら上層部を含めた組織犯罪の解明はまったくできていなかった。

元警察庁暴力団対策課長で工藤會への「頂上作戦」当時、九州管区警察局長だった安森智司《さとし》は15年10月、筆者の取材にこう振り返った。

「事件を摘発するには、まず被害者とその家族、元組員ら捜査協力者の身の安全を確保するのが絶対条件であり、手がかかる。その事情を知る工藤會は、次々と事件を起こす。福岡県警は、例えば10人の捜査員がいるとすると、7人まで協力者保護にかかわってしまい、純粋に捜査に従事できるのは3人だけという状態だった。物証を得るための家宅捜索にしても、10人出すと、組員20人に阻《はば》まれて物理的に十分な捜索ができなかった」

そのため、県警の工藤會捜査は「いたちごっこ」の様相を呈した。目先の事件処理や被害者警護に手をとられて、原因を根っこから断つ捜査ができなかったのだ。

不退転の決意

警察庁は、不退転の決意で工藤會対策に取り組む覚悟を決めた。

その先頭に立ったのは、2011年10月から警察庁次長になった米田壯《つよし》だ。大阪府警捜査二課長、警視庁刑事部長、警察庁組織犯罪対策部長、同刑事局長などを歴任した刑事事件の専門家だった。1998年に起きた「和歌山毒物カレー事件」では、和歌山県警本部長として捜査を陣頭指揮した。

米田は、工藤會壊滅に向け、戦略を練る。

組織的な犯罪は、実行犯から組織のトップまで一網打尽にし、厳しく処罰するのが最大の抑止力になる。そのためには、福岡県警の捜査員がフルに動いて犯罪の証拠を収集できる環境をつくることが肝心だった。米田は県外から福岡への機動隊の大量動員を決意する。

警察庁長官として野村、田上の逮捕を見届けて2015年1月に退官、公益財団法人「公共政策調査会」理事長や大企業の顧問などを務める米田は22年2月、筆者の取材にこう語った。

「北九州では、警察と暴力団の力関係が、必ずしも警察優位とは言えなくなっていた。

状況を打破するには、大きな仕掛けで力関係の根本を変える必要があった。長期にわたって工藤會組員の動きを封圧し、シノギ（資金獲得活動）も満足にできない状態に追い込む。そのためには、全国の警察からの応援は必須《ひっす》だった」

「応援態勢の確立は、工藤會対策や取締りには、半永久的かつ無尽蔵にマンパワーが供給されることを暴力団（と市民）に強く印象づける効果があると見込んだ。後日談だが、県警への全国の警察からの応援が実現したのを見て、警察が工藤會取締りに本気だと確信した、と検察幹部から聞いた」

この機動隊の大量動員が、福岡県警の工藤會対策の流れを変える大きな節目になった。しかし、応援の実施はそう簡単ではなかった。

それまで他県から応援を貰《もら》ったことがなかった福岡県警の一部には、応援部隊のアテンドやロジスティックスに手間暇をとられ、かえって捜査がおろそかになるのでは、との考え方があり、応援の実現には警察庁と県警の間で調整のための時間を要したのだ。

「（五輪警備や地方行幸啓などで）警備の世界では応援派遣が常態化しているが、刑事の世界では、苦しくても他県に頼らず、自分たちだけで治安を守るとの意識が強い。強引に押し付けると、県警の反発を招いたり、地元と応援部隊との軋轢《あつれき》も懸念《けねん》されるので、刑事関係では、過去、特殊班など例外を除き応援派遣はしてこなかった。だから、（警察庁の）刑事系の幹部は福岡県警の納得を得るのは簡単ではないと認識していた。明示的に断られた記憶はないが、応援派遣には時間はかかった」（米田）

警察庁は2012年2月、県警の暴力団捜査や暴力団対策行政を取り仕切る暴力団対策部の三代目部長として、警察庁刑事局刑事企画課情報分析支援室長の猪原誠司を送り込んだ。国家公務員一種試験に合格し警察庁に幹部候補として採用されたバリバリの警察キャリアだった。暴対部は10年1月に新設されたが初代、二代の部長はノンキャリア（ベテラン）の県警幹部が務めていた。

暗礁《あんしょう》に乗り上げていた県警の工藤會対策を抜本的に立て直し、工藤會の市民テロを断ち切るのが、警察キャリアである猪原に課せられたミッションだった。

猪原は警察庁暴力団対策課理事官や、京都府警刑事部長を歴任。警察庁では「捜査に強い」との評価を得ていた。特に、暴力団捜査には知見があった。

京都府警刑事部長時代、山口組ナンバー2の高山清司をターゲットに、工藤會事件と同様、犯行を指示する文言などの直接証拠がない中、間接証拠を積み重ね恐喝容疑での立件をめざす内偵捜査に着手。後任の刑事部長が摘発に成功した。高山は有罪判決が確定し14年6月から19年10月まで服役した。

猪原が赴任して2カ月後の12年4月19日、元福岡県警警部が銃撃され重傷を負う事件が起きた。警察庁は間髪を入れず、その日から全国の機動隊の特別派遣を開始。約150人を北九州市に送り込んだ。

もっとも、応援派遣開始が元暴力団担当警部の銃撃事件と重なったのは、偶然の要素が大きいと思われる。

「応援派遣を決断してから実行まで相応の日数が必要であり、急に『今日行け、明日行け』みたいなことはできない」（警察庁関係者）からだ。警察庁はかなり前から派遣に向けた準備を進めていた。とはいえ、工藤會や一般市民の多くが、元警部襲撃事件が機動隊大量投入のきっかけになったと受け止めたことは想像に難くない。

多数の応援機動隊員の投入は、ロジスティックス、つまり宿泊や食事の手配ひとつとっても簡単ではなかった。他県からの派遣は従来、その都道府県の警察学校など「自前」の施設を宿泊先に充《あ》てることが多かったが、福岡県の警察学校（福岡市）は北九州市からは遠いため、北九州市のホテルを一棟借り切りにしてしのいだ。若手が多い機動隊員の腹を満たす食事の準備も大変だった。

それでも、「福岡県警は、非常に冷静かつ前向きに対応してくれた」と米田は述懐する。

元警部への銃撃事件に続いて、この年8月に施行された改正暴力団排除条例にもとづく「暴力団員立入禁止」の標章制度で、標章を掲示したスナック経営者らへの連続襲撃が起きると、警察庁は機動隊の応援を11月から200人態勢にした。さらに、翌13年1月28日夜、看護師襲撃事件が起きると、2月20日から一挙に300人に増員した。

機動隊員らは約200カ所の警戒ポイントで、工藤會から狙われる可能性のある人物の自宅、勤務先を1〜2時間に1回巡回して不審者をチェックした。標章制度の対象地域は徒歩で巡回し、工藤會組員を見つけると、牽制《けんせい》するため職務質問を行った。機動隊の応援は延べ2万人を超えた。警視庁など県外の暴力団担当刑事も福岡県警に派遣した。13年4月1日には20人、5月22日にはさらに約70人に増員した。

同年3月末には県警暴対部組織犯罪対策課に110人態勢の保護対策室が設置された。暴力団対策で100人の増員が認められたのを機に市民保護に本腰を入れたものだ。これによって暴対部の人員は400人から500人に増えた。

北九州市内は、まさに警察官だらけになった。工藤會組員は職務質問を受けるのを嫌がり、北九州市内で車を使うときはベンツ、レクサスなど高級車から軽自動車などに乗り換えた。

効果は表れた。11年に18件起きた発砲事件は、12年は4件、13年は1件と大幅に減った。標章店襲撃は13年には起きなかった。これらの応援派遣の必要経費は宿泊だけで年間約8億円かかったが、福岡県警の刑事は本来の捜査で情報を掘り起こせるようになった。

捜査態勢の構築と並行して、警察庁は、行政的手法での工藤會規制にも動いた。12年10月施行の改正暴力団対策法である。「特定危険指定暴力団」と「特定抗争指定暴力団」を創設。一般市民への襲撃を繰り返す組織が対象の「特定危険」は当初から工藤會を想定していた。指定すると、組員が警戒区域内で不当な要求をすれば、中止命令を経ずにいきなり逮捕できるうえ、要件を満たせば、事務所使用制限命令を出すことが可能になった。

全国に25ある指定暴力団のうち、特定危険指定を受けたのは工藤會だけで、毎年指定が延長されつづけている。もっとも、この制度が威力を発揮するのは、県警が、野村、田上を14年9月に逮捕してからだ。トップを失ったうえ、毎日出入りしていた事務所に集まれなくなったことで、組員らの士気は確実に低下した。

反転攻勢態勢の構築

ただ、この一時の「平穏」は、「人海戦術で対症療法的に無理やり凶悪テロを抑え込んでいるものにすぎず、機動隊等の派遣を打ち切れば、再び凶悪テロが続発する危険性が大」（県警暴対部の資料）だった。

機動隊などの応援を受けている間に「凶悪テロの元凶である野村・田上及び田中組執行部を一刻も早く検挙・長期隔離して無力化することが不可欠」（同）だと、警察庁も福岡県警も受け止めていた。県警の従来の捜査態勢を抜本的に見直し、実効力を持つ態勢への転換が求められていた。

同時に、検察との関係を正常化することが是が非でも必要だった。

警察の究極の目的は、市民テロを指示したと見立てている工藤會のトップを裁判で極刑に処し、指示を受けて実行したヒットマングループも長期間、社会から隔離することだった。それを実現するには、警察が集めた証拠を元に検察が起訴し、裁判で狙いどおりの有罪判決を勝ち取らねばならなかった。

相手は「犯罪のプロ」だ。捜査非協力を徹底し、有能な弁護士も雇う。彼らに対する捜査、公判は限りなく困難なものになることが予想された。

それを突き抜けるには、警察の「人海」と「物量」、そして、法律のプロである検察の「知恵」を糾合するしかなかった。

検察は、警察とともにこの国の治安に責任を持つ国家機関だ。総論として警察の意向に異論はなかった。ただ、福岡の検察では、ときに手続きより結果を重視しがちになる県警の捜査手法に対する警戒感があったうえ、逆に、福岡地検次席検事による警察の捜査情報漏洩疑惑などで警察が検察に不信感を抱くなどしてきた経緯があり、県警と検察は冷たい関係にあった。

2011年10月から13年1月まで警察庁刑事局長を務めた舟本馨《かおる》は、旧知の検事、土持敏裕《つちもちとしひろ》が11年12月、大分地検検事正から福岡高検次席検事に配属されると、すぐ電話をかけた。

「あなたの力で、地検が県警を支援するようバックアップしてくれないか」

と依頼すると、土持は、

「わかった。当然だよ」

と応じた。土持は、検察の中でも、際立《きわだ》って反社勢力の摘発に熱心で、現場の警察官にシンパシーを持つ検事だった。しかし、検察の中で福岡高検次席検事は「九州支店（福岡高検）のナンバー2」にすぎない。高検次席検事の配慮だけで、ねじれにねじれた検察と警察の関係を大きく変えるのは困難だった。

両組織が協力し、本来の力を発揮するためには、それぞれの「本店」のトップが手を結び、その意向を現場に浸透させる必要があった。警察庁と法務・検察幹部の協議は重層的に進んだとみられる。

検察側では、検事総長の小津博司やその後任の大野恒太郎《こうたろう》、最高検公安部長の八木宏幸《ひろあき》、その後任の上野友慈《ゆうじ》、同総務部長の林眞琴。

警察庁では、長官の米田、次長の金高雅仁《まさひと》、組織犯罪対策部長の栗生俊一《くりゅう》、暴対課長の露木康浩が中心になったとみられる。大野と金高、林と栗生は役所の垣根を超えて、互いの信頼が厚かった。八木と露木はそれぞれ、工藤會の市民襲撃に対する捜査状況を把握するため、現地を視察。その後、小津も視察で福岡を訪れている。

猪原は、工藤會の組織原理やヒットマンの行動様式などをつぶさに調べ上げ、工藤會壊滅に向けた新たな捜査方針を固める。

「まず、頭をとる」——頂上作戦である。

工藤會のヒットマンはトップの野村、田上の指示に忠実だった。苦労して捕まえても、現行犯でない限り、しらを切り、まれに犯行を認めても、上層部の関与については一切、供述しなかった。それが事件の解明が進まない直接的な原因だった。トップに対する忠誠心や恐怖が、組員の捜査協力を阻害していた。発想の転換が必要だった。

まず、野村、田上の身柄を押さえて組員たちから隔離し、一生監獄から出さない、と強い決意を示すこと。それが工藤會の組織に浸透すれば、手足の組員は捜査に協力して未解決事件の解明は進み、同時に襲撃も収まるはずだ。逆に、「頭」が無傷では、組織の指揮命令系統は微動だにせず、襲撃はいつまでも続く——。

もちろん、野村、田上を捕まえるのは簡単でないことは承知の上だった。ただ、それ以外に、工藤會捜査の厚い壁を突き抜ける方法はないと猪原は考えたのだ。

本店の警察庁としても異論はなかった。

県警のエース起用

もっとも、警察庁から県警暴対部長に送り込まれた猪原の仕事の重点は、個々の捜査ではなく、県警の暴力団対策に向けた態勢整備であり、現場の捜査陣の強化であり、検察とのパイプを補強することにあった。

工藤會の「頭をとる」作戦の要となるのは、工藤會捜査の最前線、暴対部北九州地区暴力団犯罪捜査課（北暴課）の課長である。そこに「ひと」を得る必要があった。猪原は2013年3月の人事異動で、県警で「捜査一課のエース」といわれた尾上芳信を起用する。

尾上は1980年4月に福岡県警採用。殺人、強盗事件などを担当する捜査一課畑で刑事として頭角を現し、小倉北署刑事一課長、警察庁刑事企画課、県警刑事部捜査一課特別捜査班長、刑事部総務課管理官を経て、2011年3月、暴力団対策部組織犯罪対策課統括管理官になった。

統括管理官は、暴対部長を秘書として支え、同時に県警の暴力団対策全般を取り仕切る重要ポストだ。暴対部長の猪原は1年間、統括管理官の尾上とつき合い、次期北暴課長は、高い指揮能力を持ち、人間関係作りも巧みな尾上しかないと判断した。

捜査一課畑で暴力団捜査とまったく無縁だった尾上を投入したのは、成果が上がらぬ旧捜査四課スタイルの工藤會捜査に活を入れる狙いもあった。

福岡県警の暴力団刑事には、手柄ほしさから、本来、全員で共有すべき情報を抱え込む古い体質が残っていた。暴力団の内部情報などをもとに密《ひそ》かに捜査するうちに局面が変わり、その情報が死蔵されてしまうことも少なくなかった。

一発狙いのホームランバッターより、物証を大事にし、共有情報をベースに関係者からきちんと話を聞いてくる刑事が求められていた。捜査一課のエースだった尾上には、そういう暴対部の体質改善を期待されていたのだ。

県警で暴力団捜査を担当する旧捜査四課系の刑事の中には、暴力団との癒着を疑われる者がいた。市民が警察を信用しない理由のひとつでもあった。捜査員の入れ替えも必要だった。

「旧四課系の暴力団刑事が班長、係長から一般刑事までどんどん外された。一時、班長クラスの3分の2は一課、三課（窃盗事件などを担当）、生活安全課（銃刀法、少年事件などを担当）出身者になった。彼らと旧四課系は肌が合わず、常に不協和音があった」と、福岡地検で県警の暴力団事件の窓口となった検事は振り返る。

工藤會事件の捜査方針をめぐり、現場を抱える北九州地区の警察署長と北暴課が対立することも少なくなかった。署長には、物証を重視する捜査一課出身者が多く、情報捜査から入る旧四課系捜査員とは、捜査の手法も考え方も違っていた。いわば水と油の関係だったのだ。反目し、協力しようという雰囲気がなかった。

捜査一課畑とはいえ、暴力団捜査専門の刑事を束ねる北暴課長になった尾上にとっては、やはり、やりにくい状況だった。

北九州の署長は総入れ替えとなった。「私が仕事をしやすいよう猪原さんが、人事にまで配慮してくれた」(尾上) 結果だった。

北暴課が管轄《かんかつ》する北九州市は大都市だ。暴対部副部長と北暴課長は北九州市の官舎に住んだ。尾上をよく知る副部長の一瀬《いちせ》裕文《ひろふみ》は、工藤會対策全般のロジ、つまり県警本部や所轄署との兵站《へいたん》などの折衝ごとを引き受け、工藤會事件の捜査指揮と検察との折衝は、すべて尾上に任せた。

捜査手法の転換と体質改善

尾上は、工藤會捜査のスタイルを変えた。簡単に言えば、捜査一課型の捜査への転換である。

「前任までのやり方は、事件が発生すると、まず情報取りに走る。組事務所を回り、旧知の組員からあれこれ情報を聞いてくる。それが実行犯摘発に結び付くことは希《まれ》だった。捜査の基本は現場の実況見分で物証を見つけ、聞き込み捜査で犯人像を浮かび上がらせることだ。従来の捜査の考え方を一掃し、まず現場重視。プラスアルファで

情報取り、というスタイルに変えた」（尾上）

断っておかねばならない。暴力団事件では、情報捜査も大切だ。そこから事件が掘り起こされることもある。同じ刑事警察である捜査一課も捜査四課（福岡県警では暴対部の北暴課と暴捜課）も、証拠裁判主義は徹底している。情報のための情報を扱う公安部系とは違う。

暴力団担当刑事は、情報が証拠になるか常に意識している。情報捜査で、有力な証拠が集まることもある。ただ、そこには必ず、癒着の恐れが付きまとう。筋読みの間違いも起きる。そのリスクは付いて回る。一長一短がある。

尾上の捜査手法の変更に、ベテランの暴力団担当刑事は抵抗した。「当初はアウェイ状態だった」（尾上）が、若手刑事には、その手法は割とすんなり受け入れられた。

若手は、捜査資料を読み込み、初対面の組関係者に次々と接触。証拠につながる有力情報を得ることもあった。事件摘発という結果がついてくると、一層、生き生きと働き、大きな戦力となっていった。

尾上は北暴課長に着任すると、猪原から与えられた「頭をとる」という課題実現のため、多数の未解決事件の中で、情報レベルではあるが被疑者名が浮かび、証拠収集でがんばれば何とかものになる可能性があると分析した13件をピックアップ。特捜班長にそれぞれの事件を担当させた。

先に紹介した暴排運動に協力した自治総連合会会長宅への発砲事件、みかじめ料拒否が原因とみられる清水建設工事事務所銃撃事件、建設会社側のみかじめ料支払い窓口だったA建設会長射殺事件、それに元県警警部襲撃事件などだ。ほとんどの事件に工藤會、特に田中組系列の組員の関与が疑われていた。

実行犯や支援部隊の組員は重複し、指揮系統は一緒だと推測された。

「互いの事件が互いに証拠を支え合う。そういう構図だった」（尾上）

ひとつの事件捜査に特化する特捜班長では、そうした全体像はわからない。尾上は、課長として13事件の捜査を、すべて同時進行で把握し、指揮することに努めた。

そうするうちに、「それまでの県警の捜査があまりにも慎重になりすぎて、（逮捕）令状が出るのか、起訴できるのか、有罪をとれるのか、と勝手に（自分たちで）ハードルを上げていたのではないか」（尾上）と考えるようになっていった。

熱血本部長の投入

警察庁は2013年6月、工藤會対策強化の仕上げとして、警察キャリアの中で捜査に精通しているとされる樋口《ひぐち》眞人《まさと》を福岡県警本部長に起用した。

警察庁長官の米田壯のこだわり人事だった。

「緻密《ちみつ》に事件を組みたて、検察とも話ができる。刑事捜査では別格の存在だった。工藤會という岩盤を破砕するドリルの役割は県警の強力な捜査陣が担うが、加えて、難しい事件を指揮できる有能な捜査指揮官が必要だった。本当は、１年前の12年前半に送り込みたかったが、当時、彼は東京都青少年・治安対策本部長に出向中で動かせなかった」（米田）

法曹資格を持ち、検事とも対等に議論する熱血漢だった。徳島県警捜査二課長として山口組系暴力団を摘発する捜査を指揮。この暴力団は樋口が転勤した後に潰れた。

猪原が後にまとめた論文「工藤會対策」（警察政策第18巻　２０１６）によると、樋口は着任直後より①工藤會総裁らに対する「頂上作戦」、②工藤會対策のための福岡県警全体を挙げた総動員――の２大方針を、特に強く打ち出したという。

樋口は、判決が確定している事件もすべて検証しトップの関与を立件できる材料がないか洗い出すこと、ヒットマンを逮捕して襲撃の防止をすること、どんな事件であってもその令状に共謀共同正犯容疑者としてトップの野村とナンバー２の田上の氏名を記し捜索することなども提案。猪原、尾上らにとって理にかなった方法論であり、違和感はなかった。

「北暴課長になって3カ月後に樋口さんが本部長に送り込まれてきた。捜査のプロと聞いていたので、手取り足取りの指揮をされるのでは、と猪原さんと心配したが、細かな指示は受けなかった。大局的な方針を示された。樋口さんがよかったのは、工藤會対策は暴対部だけの仕事ではない、他の部も何をできるか考えて取り組め、と号令をかけてくれたこと。孤軍奮闘だったのが、県警ぐるみの強力な捜査態勢ができた」（尾上）

事件を食うか、食わないか

捜査態勢を整え、工藤會摘発に向け部下と自らを鼓舞する尾上の意気込みをくじいたのは、事件摘発でカウンターパートになる検察だった。

「小倉支部に挨拶にいったら、幹部から、『いろいろ言っても、法と証拠ですから。感情（気持ち）だけでは何ともなりません』と言われた。ソファーも勧められなかった」（尾上）

尾上は、冷水をかけられた気分だった。起訴するかどうかは、法と証拠によってのみ、判断する。それはいわずもがなだ。「悪い奴《やつ》を成敗しなきゃ、という思いが少ないのではないか」と受け止めた。

検察は、警察が捜査し逮捕した被疑者の送致を受け、証拠を吟味し、必要な補充捜査を尽くし、起訴、不起訴の判断をする。検察が起訴しなければ、警察の逮捕は不当捜査として世論の批判を受ける。起訴して無罪になれば、今度は、検察が批判を受ける。

そのため、警察は事件の摘発に着手する前から検察と事件の組み立てや証拠収集について綿密に打ち合わせる。その過程で、検察が「起訴できる可能性大」と判断して警察に積極的な捜査を促すことを「（検察が）事件を食う」といい、消極的な場合は「食わない」という。

尾上は、過去の捜査資料を分析した。その結果、本来、食ってしかるべき事件を検察が食わなかったため、警察側のやる気を削《そ》ぎ、摘発が進まなかった面もあったと考えるようになった。尾上は途方にくれた。

もちろん、この小倉支部幹部だけを責めるのは酷な面もある。

重要事件での捜査着手、起訴、不起訴の判断は、小倉支部だけではできない。福岡地検、福岡高検にも報告が上がり、決裁を得る必要があった。警察に対する冷めた姿勢も、小倉支部というより、福岡の検察全体に通ずるものだった。

検察側にも言い分があった。警察は着手直前にいきなり検察に事件を持ち込むことがあった。

「事件の組み立てや証拠の吟味をする暇《いとま》を与えず、さあ食え、では危なくて乗れない」（元検事）

すると警察側は、検察は消極的だと文句を言った。検察側からみると、県警の捜査は概して乱暴でラフだった。重要事件だからと泣きつかれ、無理に起訴して無罪になった例も少なくなかった。

日本の刑事裁判は、99パーセント以上の有罪率を誇り、無罪が出ると、マスコミは、検察の独善的な起訴判断に問題があった、と厳しく批判する。起訴した検事には罰点がつき、将来のキャリアに影響することは前にも述べた。それゆえ検察には、無罪判決をもらうことを異常に怖がる文化があるのだ。

「ヤクザの事件を頑張って、えいやで起訴して有罪になっても誰も褒めてくれない。逆に、無罪になると、マスコミに批判され、出世コースから外される。若い検事にも、あの人は失敗したんだね、飛ばされたんだね、とわかる。だから、警察が立件したいと言ってきても、（証拠がよほど堅くないと）受けない。無罪を恐れて勝負しないできた積み重ねが、警察に対する冷たい態度になった面もあったのではないか」（元福岡

地検検事）

検察は、2001年の福岡地検次席検事の捜査情報漏洩疑惑で世論の袋叩《ふくろだた》きにあったが、報道のもとになった情報を県警がマスコミにリークしたと疑っていた。国民からみれば、県警の捜査にかかわる検察側の不透明な動きがあれば警察が公表するのは当然で、検察側のその受け止めは筋違いではあるが、それに対する恨みつらみもあった。検察と警察の関係は、何もかも、うまくいっていなかった。

工藤會摘発という大事業を成功させるには、そういうしがらみを飲み込み、法律のプロとして証拠を吟味し、有罪を勝ち取れる見込み大と判断したなら、「危ない橋も渡る」という「胆力」が検察側に求められていた。

検察の「ミッション・インポッシブル」

警察庁暴対課長の露木康浩たち同庁幹部は、最高検公安部長の八木宏幸を通じ検察側に地検小倉支部へのてこ入れを要請した。

検察は、尾上が北暴課長に就任して1カ月後の2013年4月人事で、福岡地検小倉支部の検事を一新した。

支部長には、「はじめに」で紹介した高松高検公安部長の天野和生が起用された。

旧知の最高検刑事部長、松井巖《がん》は「君の使命は工藤會退治だ」と電話で天野を激励した。その松井も、横浜地検検事正を経て15年1月、福岡高検検事長に起用され、野村と田上逮捕後の工藤會事件の捜査を指揮することになる。

天野は１９８６年検事任官。大阪地検公判部検事時代に、五代目山口組最高幹部で芳菱会《ほうりょうかい》総長だった瀧澤《たきざわ》孝が、配下組員との共謀共同正犯による拳銃不法所持罪に問われた事件の公判を担当し、暴力団の組織的犯行に関する共謀共同正犯理論を練り上げた、検察では屈指の暴力団事件の専門家だった。

天野は松井から「工藤會対策で、極めて優秀な検事を2人、部下に配置してあるから」とも言われていた。

主任クラスの支部検事として同じ人事で京都地検から異動した上野正晴と、さいたま地検から異動した上田敏晴だった。このとき上野43歳、上田39歳。いずれも検事としての能力が高く、取り調べが得意で警察の受けもよかった。

上野は１９９６年検事任官。在中国日本大使館の一等書記官も務めた将来の幹部候補生だった。一方、２０００年に検事任官した上田は、特捜検事として将来を嘱望されていたが、10年秋に発覚した大阪地検特捜部の証拠改竄《かいざん》事件のとばっちりを受けていた。

郵便不正をめぐる厚労省元局長の村木厚子の無罪事件で、大阪地検特捜部の主任検事が押収《おうしゅう》証拠のフロッピーディスクの内容を改竄した前代未聞《みもん》の不祥事が発覚したのは、上田が大阪地検特捜部から法務省刑事局に異動して半年後のこと。主任検事と村木事件当時の特捜部長、副部長の3人を逮捕、起訴した最高検は、郵便不正事件の捜査で他に同様の不正がなかったか、を洗い直した。

上田は、村木事件の初期捜査にかかわっていた。郵便不正にかかわった業者を取り調べたところ、その業者が、脅迫的な取り調べを受けたと公判で証言。裁判所が上田作成の供述調書12通を「任意性が認められない」として証拠不採用とし、最高検が検証の対象とすると一部で報道されたのだ。

当時の検察は証拠改竄事件で激しい逆風にさらされ、報道にピリピリしていた。上田は11年1月、わずか勤務9カ月で刑事局からさいたま地検に異動となった。

「公判で調書が不採用になるのはよくあること。それで処分を受けることはない。とはいえ、刑事局付の任期は最低でも2年なので、さいたまへの異動は異例の人事だった。報道されたことで、刑事局には置いておけないというので出されたのではないか」と当時の検察幹部は語る。

もともと検事としての実務能力が高かった上田はさいたま地検での捜査や公判での

仕事ぶりを同地検幹部らから高く評価され、「検察に必要な突破力のある検事」として法務・検察で認知されることになる。

未解決事件の山

天野は着任してすぐ、福岡県警との協力関係強化をはかり、検察側の捜査態勢の再構築に乗り出した。

未解決事件の山だった。

工藤會の組織的犯行であることを示唆《しさ》する証拠がかろうじてあったのは、この年1月末に福岡市内で起きた女性看護師襲撃事件ぐらいだった。野村の脱毛施術《せじゅつ》を担当した被害者は、施術をめぐり野村とトラブルになっており、それを恨んだ野村が犯行を指示した疑いがあった。

通信傍受の会話で工藤會組員による組織的な犯行ということもわかっていた。複数の防犯カメラに犯行場面そのものや工藤會組員が被害者を尾行していると判断できる場面が録画されていた。

ただ、防犯カメラの画像は粗く、尾行役の組員は特定できたものの、実行犯については鑑定して人物を特定するのに時間がかかった。また、通信傍受は、元警部襲撃事件の証拠だったので、これを看護師事件の証拠として使うには法解釈で裁判所を説得し許可決定を勝ち取らねばならなかった。

北暴課長の尾上がリストアップした「未解決重大13事件」は、いずれの事件もヒットマンの組員は重複し、指揮系統も同じとみられたが、それぞれの事件は所轄の警察署に設置された特捜班が担当していた。立件の見込みがあった看護師事件を捜査していたのは事件発生場所の博多署の特捜班。検察側では小倉支部ではなく福岡地検刑事部が担当していた。

天野らが赴任するまでの小倉支部は、支部長以下12人の検事がいたが、工藤會関係の事件に専従する検事はいなかった。一般事件の一環として警察から送致される工藤會関係事件を、その都度、担当検事を決めて処理していた。多くの検事は在任2年で、うち半分の1年は公判を担当。捜査にかかわるのは1年だけだった。そのような体制では、送致事件を通じて工藤會事件の葉や枝は見えても、森は見えない。全体像が見えないと個々の事件の判断もできない。

そこで天野は、看護師事件を含め工藤會がらみの13事件は、工藤會が組織として行った大きなひとつの事件だと考え、全事件の主任検事として上野を指名。上野に未解決、未送致の事件全部の証拠の検討を命じた。これは、ロッキード事件やゼネコン事件などの大事件を独自捜査で摘発してきた東京地検特捜部の捜査スタイルだ。

特捜部では、主任検事の副部長がすべての情報を集約・管理し、真相解明に向け最適解の捜査方針を立案し、それに沿った証拠収集を部下に指示する。

看護師事件は、福岡地検本庁と談判して小倉支部が引き取った。また、天野は専従に近い形で工藤會事件を扱う検事として上田ほか1人の検事と副検事1人を指名した。

「全員起訴」方針

尾上、天野の目的ははっきりしていた。工藤會トップの野村、田上を未解決事件の首謀者として摘発すること。しかし、それは簡単なことではなかった。小倉支部はとりあえず、未解決事件の捜査とは別に、県警がいろいろな容疑で立件した組員について、どんな小さな事件でも逮捕し、20日間勾留《こうりゅう》して容疑を固めて起訴し、服役させる方針をとった。

手間暇はかかっても、実働部隊の組員を一人ずつ組織から引き剝がすことで、工藤會に新たな事件を起こす余裕を与えないようにした。市民に安心感を与え、捜査に協力してもらえる環境を作る狙いもあった。それを続けていけば、いずれ中枢《ちゅうすう》幹部の情報も入ってくると考えたのだ。

全員起訴方針は、「事件を掘り起こしても、検察が食わず（起訴せず）不起訴にされるのではないか」との県警の検察に対する不信感を払拭《ふっしょく》した。

尾上の努力もあって、検察と警察の間での情報共有もできるようになった。天野は2013年9月から毎月1～2時間、天野、上野、上田ら検事と担当事務官が、県警暴対部長の猪原、北暴課長の尾上と特捜班長らとともに捜査会議を開き、捜査状況の報告、検討を行うようにした。

13事件を含め、工藤會がらみの事件を「総花的」に捜査するのではなく、限られた人的資源を「有望」な事件に重点投入するのが狙いだった。捜査にマイナスの情報を含めて隠し立てなし。会議に参加した検事や刑事には、互いの得意分野を生かして状況を変えようとの思いがあふれていた。

「主任の上野検事は証拠には厳しかった。でも、プラスの方向でものを言うので、県警の捜査員はみなついていく。逮捕したら、全員起訴する。逆に言うと、起訴できない被疑者は逮捕しない。工藤會にも、従来、逮捕されても48時間で保釈と思っていたのが、逮捕されたら全部起訴。最低でも何年か服役しなければいけないとの意識が浸透した」（尾上）

「別の事件処理で忙しいから」と小倉支部が、県警の着手に待ったをかけることはなくなった。天野は、県警に対し、いつでもウエルカムの姿勢だった。

県警側の士気は高まった。尾上は、獲得した供述証拠などを元に先頭切って検事と交渉する特捜班長には、即、賞を出した。がんばれば、難敵の組員も落とせる（自白を得られる）とのムードも広がった。もちろん、捜査員全員がそうだったわけではない。

「中には、いも引いて（怖くなって）変えてくれ、という特捜班長もいた。そういう者は、異動させた」（尾上）

「ここの証拠が厚くなれば、起訴できるのではないか」

「来月はこれをやろう」

収集した証拠を元に、検事と刑事の間で活発な意見交換が行われた。いい循環が生まれていた。

県警の刑事たちは上野、上田に敬意を払った。冷静な上野と熱血漢の上田。タイプは違えど、2人の捜査への真摯《しんし》な取り組みは、捜査員の心を動かした。

主任検事の上野と、野村を逮捕したら自分が取調官になると考えていた上田の2人は、着任以来、工藤會の歴史や組織実態を記した書物や捜査資料、膨大な裁判記録を読み込んできた。工藤會組員の出自から組織での立場や人間関係、前歴などを頭に叩き込み、暴力団刑事顔負けの「工藤會おたく」になった。

警察署での組員の取り調べでは、県警の捜査員と交代で組員に真相を語るよう説得した。被害者の話を聴くときは涙を流した。この人たちは、本気で俺たちと一緒にやってくれる、警察官のことも理解してくれる、と捜査員たちは受け止めた。

「無罪」で勢いづく暴力団

成果は出た。

工藤會の実働部隊を各個撃破する捜査をマスコミも応援した。市民も徐々に捜査に積極的に協力するようになった。

県外の機動隊を動員した警察の物量作戦で、工藤會組員らは、みかじめ料などのシノギをしにくくなっていた。工藤會にも焦《あせ》りが見え始めた。

そして2013年10月には、嘘の申請で北九州市営住宅に住んだとする詐欺《さぎ》容疑で、工藤會上席専務理事・田中組若頭の田口義高を逮捕した。形の上では、北九州市長が被害者の事件だった。田口は、工藤會総裁の野村、会長の田上、理事長で田中組組長の菊地敬吾に次ぐ大物で、県警は、多くの襲撃事件で中心的な役割を担っていると見立てていた。

未解決13事件についての「ふるいがけ」も進んだ。工藤會の実働部隊の組員の検挙・起訴も順調だった。工藤會は新たな事件を起こさず、一時、なりを潜めた。

しかし、長くは続かなかった。

13年11月15日に福岡地裁小倉支部が工藤會幹部ら2人に言い渡した無罪判決がきっかけだった。北九州市の建設会社社長が12年1月、中間市で待ち伏せした犯人に銃撃され重傷を負った殺人未遂事件で、地検小倉支部は天野らが着任する前に、県警が摘発した2人を起訴していた。

検察側は、社長の体内に残った弾丸と、事件翌日に工藤會幹部宅のゴミから見つかった薬莢《やっきょう》の種類や型が整合しているなどと主張したが、裁判所は「工藤會幹部と被害者の間に犯行動機となるような事情はなく、弾丸と薬莢の結びつきの証明が十分とはいえない」などとして退けた。

「起訴当時、検察と警察の間で重要な情報についての共有がなされていなかった結果ともいえる判決」（天野）だった。2人は控訴審でも無罪となり、検察は上告を断念した。

そして、工藤會は「警察や検察が捜査しても有罪を取れないとみると、勢いづく」

（天野）。

その懸念は当たった。この一審判決の1週間後の11月22日、小倉北区で工藤會と関係がある建設会社社長がめった切りにされ重傷を負う事件が起きたのだ。犯人は捕まっていないが、県警は、工藤會の関与を疑っている。

さらに、12月20日、北九州市漁協組合長、上野忠義が射殺された。この事件は、建設会社社長や飲食店経営者らの殺傷事件とは異質だった。

第4章　事件の原点

写真週刊誌での発言が引き金？

上野忠義は2013年12月20日午前7時50分頃、北九州市若松区畠田《はたけだ》の自宅から近くの集積所にごみを運ぶ途中、何者かに背後から銃弾4発を撃ち込まれ、死亡した。

現場からシルバーの軽自動車が走り去るのが目撃された。まもなく約7キロ離れた遠賀郡芦屋町の町有地で、同タイプの軽自動車が燃えているのが見つかった。車は工藤會組員の知人のものだと判明したが、所有者は「盗まれた」と供述した。

この事件については、被害者周辺への嫌がらせや脅迫などの前兆がなかった。工藤會が上野に接触した形跡もなかった。しかし県警は、北九州市若松区脇之浦における港湾工事などの利権を狙《ねら》った工藤會の組織的な犯行であると見立てた。

上野の実兄で、元脇之浦漁業協同組合（現・北九州市漁協）組合長の梶原國弘が19 98年、工藤會の前身である二代目工藤連合草野一家系組幹部に殺害されていた。

第1章でも触れたが、梶原は、1970年代から北九州市の漁協の有力者だった。港湾開発の行方を左右する漁業補償交渉に強い影響力を持ち、ファミリー企業を通じ、港湾建設などの資材利権を握っているとされてきた。工藤會はそこに目を付け、ことあるごとに梶原・上野ファミリーに利権がらみでの付き合いを求めたが、頑強に拒まれたため、見せしめで梶原を殺害した、と実行犯を裁いた判決は認定した。

梶原射殺事件後も、工藤會関係者は執拗《しつよう》に梶原・上野ファミリーに交際を求めてきたが、ファミリーは応じなかった。上野らは、梶原殺害の背後に野村、田上がいると疑っていた。親族を殺した憎い相手にカネを出すことなどあり得なかったのだ。

暴力団排除条例の制定で、暴力団に利益供与すれば、カネを出した側も処罰され、それを公表されて公共事業から締め出されるようになったことも、拒否の大きな理由だった。建設業や資材業を営む梶原・上野ファミリーにとって工藤會への資金提供は、商売の終わりを意味していた。

上野が殺される5カ月前の7月26日には、北九州市地域エネルギー拠点化推進事業がスタート。大規模火力発電所（事業規模2000億〜4000億円）、中規模火力発電所（同100億〜200億円）、洋上風力発電所（同1000億円）を埋め立て地や海上に建設するというもので、膨大な建設資材納入利権の発生が見込まれていた。

目撃者によると、射殺犯は、紅白出場経験もあるポップス系歌手に似た男だった。県警は人相が一致する工藤會組員を取り調べたが、容疑を否認。ポリグラフにもかけたが、陰性だった。その後も、実行犯の割り出しには至っていない。

2012年1月27日発売の写真週刊誌『フライデー』（2月10日号）は、「福岡暴排条例 最前線の『現実』 警察よ、もっと市民を守ってくれ」との見出しの記事を掲載し、その中で「暴力団の狙いは響灘（北九州市若松区沖の海域）の公共事業への参入にある」との上野の発言を写真付きで紹介している。

〈北九州の海は、漁業区が分けられています。私の漁業区はコンテナ基地の埋め立ての対象となっているため、莫大《ばくだい》な公共事業費が投入される。暴力団は、それを狙っているのです。暴力団は私たち漁協の組合長が、公共事業の業者を決める権利を持っていると思い込んでいるようですが、そんな権限はありません。そこを、まったく理解していない。一方の警察は『暴力団と関係があるから、襲われるんだろ』と言う始末です。警察は、もっとしっかり暴力団を検挙してほしい〉（同記事から引用）

上野の甥《おい》で、工藤會の田上とも親しい関係だった良樹はのちの県警の取り調べに対し、上野が『フライデー』のインタビューで暴力団、つまり工藤會を批判したことに「工藤會が激高して殺害したと思っている」と供述した。

原点は洋上石油基地利権

上野、そして兄の梶原はなぜ殺されたのか。それには深い背景がある。話は1970年代初めに溯《さかのぼ》る。

73年秋の中東戦争で起きた石油危機をきっかけに、国は民間の石油会社に76年から一定の原油備蓄（90日分）を義務づけた。それを受けて各地で石油備蓄基地を誘致する機運が高まり、北九州市でも若松区の沖合の無人島である白島に、係留貯蔵船に石油を備蓄する洋上の石油基地計画が持ち上がる。

4300億円の国費をつぎ込み、足掛け15年かけて96年に完成したこの基地建設利権に政界や暴力団が群がった。それが梶原事件の原点にもなった。

そもそもは、若松区選出の県議・横田初次郎と北九州市の不動産業「日本地所」会長の安藤春男、東京の不動産業「三正」社長の満井忠男が、熊本県有明に造船所を持つ日立造船に白島石油基地のアイデアを持ち込んだのがきっかけだった。その後、日立造船が新日鉄（現・日本製鉄）、ハザマ（現・安藤・間）、飛島建設、総合商社日商岩井（現・双日）に呼びかけ、5社でチームを組んだ。しかし、肝心の石油会社は、洋上備蓄はリスクが高いとしてこの計画に消極的だった。

5社グループは、横田、安藤、満井の3人を地元コンサルタントにし、洋上備蓄基地実現のための政官界工作や地元の漁協との交渉を委《ゆだ》ねる。若松区脇之浦漁協組合長だった梶原は安藤と幼なじみで、その関係で3人に協力したという。

78年、プロジェクトが大きく動き出す。

90日分を超える備蓄の義務づけは、民間企業に対する経営圧迫につながりかねないとして、国が石油備蓄を行うことになり、「石油開発公団」を改組し、新たに備蓄業務の推進を主要業務に加えた「石油公団」（現・独立行政法人「エネルギー・金属鉱物資源機構」）が誕生。石油公団は、当面1000万キロリットル規模の国家備蓄を実施することになった。

5社グループは、白島備蓄基地計画を国家事業にするよう、石油公団などに売り込む。福岡県や北九州市も国家備蓄基地の誘致に乗り出した。白島は同年10月、全国4カ所の基地候補のひとつに選ばれ、2年半後の81年4月、石油公団は白島に洋上石油備蓄基地を建設すると決定した。

基地建設で漁業権を失う漁民に対する漁業補償は48億円で合意した。漁民側代表として、国や県との補償交渉の前面に立ったのが梶原だった。石油公団が70パーセントを出資する第三セクター「白島石油備蓄株式会社」が設立され、北九州市から運輸省（現・国土交通省）に施設を設置する白島東岸の埋め立て願いが提出された。

ところが、着工を控えた82年秋、5社グループから安藤と満井の側に、政界などへの工作費25億円が流れていたとする疑惑が、マスコミの調査報道や市民グループ「北九州いのちと自然を守る会」（野依勇武《のよりいさたけ》代表、当時）の調査などで発覚する。（＊）

政界と暴力団に工作

1982年11月2日の朝日新聞朝刊は「（25億円のうち）9億円余りは民間備蓄計画時代の諸調査や漁協迷惑料など、先行投資費として支出され、残り16億円は主に地元漁協や政界工作に使われたといわれ、その仲介役には東京の不動産業者と北九州市の元暴力団組長で不動産業者である地元コンサルタントが当たったという」と報じた。

この記事にある「東京の不動産業者」は満井、「元暴力団組長の不動産業者」は安藤を指していた。「守る会」が同じころに入手した5社グループの内部資料によると、77年9月時点で、安藤らは5社グループに対し、

「北九州市議会工作で3～6億円が必要」

「プロジェクトがまとまった場合は、ゼネコンの工事費500億円の3～5パーセントの仲介手数料をもらいたい。この中から3～6億円の工作費を払っていく」

と報告していた。

また、81年6月前後に日立造船が石油公団に報告したとされるメモによれば、「（安藤らに流れた）25億円のうち、9億2000万円は民間備蓄基地計画時代に立地調査などに伴う漁協関係者迷惑料などの名目でグループ5社が負担。残り16億円は日立、ハザマ、飛島3社が出した」という。

さらに、衆院福岡2区選出の元総理府総務長官・三原朝雄の公設秘書と安藤が81年4月、基地建設の埋め立て認可権を持つ運輸省第四港湾建設局（山口県下関市）に、5社グループが建設工事を一括受注できるよう求める要望書を持参したこと、秘書が安藤らとともに基地の清掃・管理を請け負う会社の役員になっていたことが、報道各社の調査報道や市民グループの追及で判明する。

福岡4区選出の元自民党幹事長・田中六助も、通産相に就任した直後の80年11月、5社グループの意を受けた有力県議から現金2000万円を渡されてその処理に困り、この2000万円を法務局に供託し、そのままになっていることが暴露された。

こうした疑惑が噴出するきっかけは、横田と梶原の事実上の仲間割れだったとの見方があった。関係者によると、梶原は計画当初、北九州市の漁協に強い影響力を持っていた横田と協調し、漁協組合員から補償交渉の委任状を集める仕事をしていたが、79年に横田に対抗して県議選に出馬して落選。横田との関係は悪くなっていたとみられる。

白島石油基地プロジェクトに深くかかわった満井は、バブル期には「地上げ」でぼろ儲《もう》けし、有力政治家のスポンサーとして知られた。2007年には朝鮮総連中央本部の土地売買にからみ、総連側から4億8000万円をだまし取ったとして元公安調査庁長官の弁護士、緒方重威《しげたけ》とともに詐欺《さぎ》で起訴され、有罪が確定した。

満井は16年、複数回にわたって筆者のインタビューに応じ、プロジェクトの舞台裏について詳細に証言した。暴力団とのかかわりについては、次のように述べた。

「石油備蓄プロジェクトで最も難航したのが、砂利など建設資材納入をめぐる利権の調整だった。梶原さんが問題だった。ある時期から、厳しい要求が来るようになった。それが大変だと安藤会長から聞いていた。梶原さんと草野一家の草野高明さんが親しいことも分かっていた。安藤さんは暴力団時代、草野さんと敵対してきたので、草野さんと話ができなかった。それで、安藤さんから頼まれて一度だけ、草野さんとホテルで話をした。『国家事業なのだから何とか協力を』とお願いしたら、『わかった』と言ってくれた。それで梶原さんとの話も整理できたのだと思う」（＊）

草野—梶原コネクション

白島石油基地の工事については、それぞれ国会議員、地元議員、暴力団が参加する「三原グループ」と「田中グループ」の2派が主導権を争っていた。

東京・大阪の大手グループが工事を請け負うことを後押しする三原グループには、文部大臣、防衛庁長官などを歴任した三原朝雄（当選8回）、福岡県議の横田初次郎、暴力団関係としては元山口組系安藤組の安藤春男と工藤会（工藤玄治会長）が属していた。

一方、北九州の地元業者が工事を請け負うのを応援する田中グループには、官房長官、通産大臣を歴任した田中六助（当選8回）、中間市議、暴力団としては、草野一家（草野高明総長）が属していた。

石油基地プロジェクトと政界、暴力団、漁協の関係について、梶原の親族の太郎は、2014年9月、梶原射殺事件を再捜査する地検小倉支部の聴取に対して、次のように供述した。

〈被害者（梶原）は、当初、かつてのヤクザ時代の兄弟分だった安藤との関係から三原グループに属した。北九州の各漁協組合のとりまとめを期待されていたが、地元には発注しないという三原グループの方針に反発して離反した。
その後、田中グループでは、各漁協のとりまとめ依頼のため、草野を介して被害者に接触を図り、当初は対立もあったものの、結局、地元業者への発注という点で被害者は草野と意気投合し、田中グループに乗った。このことで被害者は草野との間に深い縁ができ、以後、兄弟分のようなつきあいをするようになった〉
〈三原は、安藤を介して、被害者に対し、「3億円出すから自分についてくれ」との話もしていたが、被害者は、もともと関係が悪かった横田と県議選を争うなどして修復不能な関係にあったことなどからこれを断った。（当時、工藤會幹部だった）被疑者野村が、「被害者が草野についたので工藤会が儲けそこなった」とグチを言っていたようだという話も聞いたことがある〉
白島基地をめぐる一連の疑惑発覚を受け、福岡県警は、梶原國弘に注目した。福岡県筑前海区漁業調整委員会の委員として48億円の補償交渉をまとめた梶原が、交渉の過程で基地建設にかかわる砂、砂利など資材納入利権を握り、その利益の一部が政界や暴力団に流れた疑いがあるとみたのである。

　1982年9月、県警は、梶原が漁業補償48億円の一部、1億7000万円を無資格者や域外の人にばらまいていたとの背任疑惑解明のため、梶原が親族の恐喝事件をめぐり被害者に偽証を迫ったとする証人威迫容疑で逮捕状を取った。梶原は一時、所在不明となったが、約2週間後に県警に出頭した。そのとき、付き添ったのが草野一家総長の草野だった。

　83年1月、地検小倉支部は梶原を背任の罪で起訴したが、まもなく保釈した。県警はこの背任事件摘発を突破口に、中央や地元の政官界のからむ疑惑の解明を狙ったが、捜査は梶原の「個人犯罪」の解明だけで終わった。

　草野一家の懐《ふところ》は潤沢になり、県警の資料によると、87年5月には、草野会館（後の工藤會館）が完成。落成式が行われた。同会館は4階建てで1階が駐車場、2階以上が事務所、大広間などになっており、建設費用は1億数千万円と推測された。県警は、新築費用の一部を梶原側が提供したのではないかと疑った。

　その直後、対立していた初代工藤会と草野一家は合併して「工藤連合草野一家」となった。工藤会トップの工藤玄治は総裁に祭り上げられ、事実上のナンバー1である総長には草野が就いた。ナンバー2の若頭には草野直系の溝下秀男。工藤直系で田中組組長になっていた野村はナンバー3の本部長に就任した。白島石油基地の利権争いを制した草野一家がカネの力で工藤会を飲み込んだ形だった。

県警の「反社」通報と指名停止

県警は、背任事件の公判中も梶原が白島基地建設工事の資材納入業者らに強い影響力を持ち続けていると睨《にら》んだ。そして、梶原を草野の有力資金源とみて、あの手この手で追及した。

１９９２年７月30日、白島石油備蓄基地工事をめぐり、梶原が下請け業者数社から約１億円を恐喝し、一部を工藤連合草野一家に資金提供した疑いがあるとして関係先やゼネコンのハザマ九州支店など十数カ所を捜索した。

恐喝容疑事件そのものは不起訴になったが、同事件に関連して「『重大な反社会的行為を行い又は行うおそれのある者』の確認について（通報）」との文書が自治体に向けて出された。市民グループが入手した文書は、梶原のファミリー企業５社とハザマを、工藤連合草野一家に資金提供した反社会的勢力と認定。実名で梶原やハザマについて捜査中の容疑内容を記したうえ、

「白島洋上石油備蓄基地建設工事に携わる港湾建設業者から脅し取った金が暴力団工

藤連合草野一家の本部事務所である草野会館の建設費用として暴力団工藤連合草野一家総長草野高明（故人）に交付された事実が判明した」

と断定。梶原・上野のファミリー企業の公共事業からの排除を求めていた。県警は２０１６年当時、「原文が残っていないので確認できない」としていたが、文書の内容や前後の状況からみて当時の県警が作成したことは間違いなかろう。

民事介入暴力を規制し、その資金源を断つことによって暴力団を解散に追い込もうという新しいタイプの法律、暴力団対策法が１９９２年3月1日に施行されたばかりだった。福岡県と福岡、北九州両市は、「通報」を受け、ハザマと梶原・上野のファミリー企業5社を指名停止とした。

梶原側は「事実無根」と否定したが、梶原本人は関係会社の役職を退いた。「通報」翌年、93年元日の朝日新聞朝刊は、白島石油備蓄基地建設にからんで、地元業者で構成する北九州港湾建設協会（約30社）の幹部らが84年から4年間に、受注工作のために「営業費」名目で会員から少なくとも2億円を集め、大半を暴力団草野一家幹部らに渡していた疑いがある、との記事を掲載した。

工藤連合草野一家は92年6月26日、暴力団対策法に基づく指定暴力団として公示されたばかりだった。警察庁主導の暴力団追放キャンペーンが全国で展開され、マスコミも報道に力を入れていた。

「絆《きずな》」

それにしても、梶原と草野との関係は興味深い。

かつては、興行利権をめぐる山口組系と工藤組系の暴力団抗争で、梶原は山口組系組長、草野は工藤組大幹部として対立する関係にあった。しかし、梶原は、白島石油基地建設工事をめぐる利権調整を通じ、草野と肝胆相照らす仲になった。そして、ゼネコン大手連合に対し、地元建設業者の側に立った。もちろん、利害がらみではあったが「反中央」、つまり東京や大阪の政官財の権力に対する反骨心が2人をつないだ面もあったように思われる。2人の友情は草野が亡《な》くなるまで続いた。

梶原事件や歯科医師事件の野村、田上に対する検察側の論告は、梶原と草野の強い絆を描いた。1990年頃、大分県内で倒れた梶原に対し、草野は知り合いの病院長に頼んで手術の手配をし、梶原は一命を取り留めた。草野は大分まで見舞いに出向いた。

草野が91年に死亡する前には、梶原と太郎が入院中の草野を見舞う。すると、病床の草野は太郎に対し、

「（梶原は）馬鹿《ばか》や。極道ばっかりかわいがって面倒見て。あんたには海があるんだから付き合っちゃいけないよ」

と言ったという。

強引な捜査が招いた漁協関係者の不信

結局、梶原・上野ファミリー企業が公共事業から締め出されるきっかけになった恐喝事件で、梶原は逮捕されず起訴もされなかった。それは、容疑を証明する証拠がなかったことを意味する。捜査の失敗である。

１９９２年12月10日の朝日新聞夕刊の記事「『違法捜査で損害』と福岡県に賠償請求　白島事件で業者」や93年９月30日付同新聞夕刊記事「『白島事件で工事締め出し』賠償訴訟取り下げ　北九州」によると、梶原側は「違法な捜査により営業を妨害された」として、福岡県を相手取り総額１０００万円の損害賠償を求める訴訟を福岡地裁に起こした。その後、「理由は不明」だが、梶原側は訴訟を取り下げたという。

梶原に対する福岡県警の執拗な追及は続く。

93年12月５日の読売新聞朝刊の記事などによると、県警は北九州砂採取販売協同組合の顧問だった梶原が組合幹部２人と共謀し、草野の墓代などとして１５００万円を理事会に諮《はか》らず支出し組合に損害を与えたとする背任容疑で93年12月4日、梶原らを逮捕した。

しかし、これも起訴猶予《ゆうよ》になった。検察は、犯罪は一応、成立するが、起訴する価値がないと判断した。起訴できない事件で繰り返し逮捕するのは異常である。いまなら、「見込み捜査」として世論の批判を受けてもおかしくないところだ。

梶原の一連の事件の摘発を主導したのは当時、福岡県警捜査四課長、刑事部参事官兼防犯部参事官・暴力団総合対策担当として県警の暴力団捜査を取り仕切っていた古賀利治だった。前章で記した「ドーベルマン刑事」の異名をとった名物刑事である。

古賀は86年から87年にかけて道仁会と山口組が県内で抗争事件を起こした際に刑事部捜査四課理事官として捜査を指揮。暴力団対策法が施行される前年の91年に捜査四課長に、さらに93年に刑事部兼防犯部参事官になった。あの手この手で暴力団を積極的に摘発する姿勢は全国の警察関係者から高い評価を受けたが、反面、手続きより結果を重視する捜査手法には批判もあった。

「逮捕したら、全然、事件の筋が違うことがあった。泣きつかれて、メンツが立つよう、別の事件の切り口をひねり出したこともある」と、福岡地検時代に古賀と交流のあった元検事はいう。

摘発件数は増えたが、無罪も増えた。「どうして、乱暴な捜査をするのか」とこの検事に尋ねられた古賀は、「九州のヤクザは、退職警官を襲う。だから現役時代に徹底的に痛めつけて、そういう気が起きないようにするんですよ」と話したという。

「警察に売られる」

古賀時代の強引な捜査の後遺症は、県警と検察の関係以外にも残されていた。梶原・上野ファミリーなど漁協や建設業関係者の福岡県警に対する深い不信である。

工藤會事件の捜査にかかわった検事はいう。

「古賀が仕切った時代の県警は、漁協関係者をヤクザと同列に見ていた節がある。当時は、ギブアンドテイクでヤクザから情報を取った。ヤクザに脅されたり、利権交際を要求されたりした漁協や建設業関係者が警察に相談すると、ヤクザがそれを知ってさらに脅しをかける。漁協関係者らは、警察が漏らしたのではないか、と疑う。情報漏洩《ろうえい》の真偽は定かでないが、警察にしか言っていない情報がヤクザに漏れている、と受け止めた関係者は、警察とヤクザはずぶずぶだと思って協力しない」

この検事によると、梶原の親族、太郎は、梶原射殺事件の最初の裁判では、証人として法廷に出ていない。公判当日は外国にいた。国内にいれば、裁判所に勾引《こういん》される恐れがあったからだ。

　そこまでしたのは、ひとつには、法廷で射殺事件の前に工藤會関係者から執拗に利権交際を求められていた事実などを証言すれば、自身や家族が工藤會側に狙われるのは必至と考えたからだろう。さらに、梶原やファミリー企業に対する再三の捜査で蓄積された警察に対する深い不信から、とても公判立証などで警察、検察に協力する気にはなれなかったのではないかと思われる。

　北九州市の建設会社社長は、銃撃され重傷を負っても、捜査協力を拒み、工藤會幹部が殺人未遂罪で起訴された法廷に出廷しなかった。そのため、起訴された工藤會幹部は証拠不十分で無罪判決を受けた。捜査非協力の理由は、漁協関係者と同様、やはり警察を信用していなかったからだろう。

「漁協の人たちは、自宅に発砲されても警察に届けない。人が死ななければ、なかったことにしよう。どうせ犯人は捕まらないし、届ければまたヤクザに情報が漏れるのだから、と受け止めた。そういうことが平成一桁《けた》から10年代まであった」（同検事）

　古賀は、警察官としての強い使命感から暴力団対策で文字通り身体《からだ》を張った。暴力団が自らの命を狙っているという情報に接しても、「自分に対する保護対策は一切拒否し、常に先頭に立ち続けた」（藪正孝著『県警VS暴力団』）。

反面、目的のためには手段を選ばない、とも受け止められた古賀＝県警のパフォーマンスが、被害者である梶原・上野一族の県警に対する不信を招き、工藤會による度重なる襲撃事件での捜査非協力を招いた。捜査は進まず、工藤會による市民の被害は拡大し、県警の首を絞める結果にもなった。

適正手続きを怠ったつけ

警察や検察の法執行には、適正手続き（デュープロセス）が求められる。罪刑法定主義と並ぶ刑事法の大原則で、警察、検察の暴走に歯止めをかけるものだ。手続きを無視した法執行は、人権侵害そのものであり、冤罪《えんざい》につながる恐れもある。そうなれば警察や検察は国民の信用を失い、国民が期待する安心・安全確保のための法執行もできなくなる。

バブル崩壊で破綻《はたん》した企業が暴力団など反社会的勢力に食い荒らされていたことが次々に明るみに出た１９９０年代初め、暴力団摘発は必要な「国策」だった。「反社勢力による表経済の侵食を許すな」「暴力団をのさばらせるな」の大合唱があった。

そういう時代の要請を背景に、古賀は結果を求めて突っ走った。手続きは二の次、という姿勢に、警察、検察、そしてマスコミも、一部の人たちは、これはちょっと違うのではないか、と思いつつ、古賀に面と向かって異議を唱えなかった。

適正手続き無視が、法執行機関に深刻なダメージを与え、捜査モデルまで転換せざるを得なくなった実例を我々はその十数年後に目撃することになる。先にも触れた2010年の大阪地検特捜部の不祥事と、それに端を発した特捜検察の萎縮《いしゅく》。そして、抜本的な刑事手続き改革である。

ロッキード事件、リクルート事件など政界汚職や大企業の犯罪を摘発し、「最強の捜査機関」と呼ばれた特捜検察の武器は、検察官が密室で被疑者、参考人を取り調べて作成する供述調書だった。

繰り返しになるが、戦後長い間、裁判所は検察の捜査を信頼し、供述調書に一定の裏付け証拠があれば証拠採用し、概《おおむ》ね、有罪判決を言い渡してきた。戦前はともに司法省の傘下《さんか》にあった官僚法曹（法曹資格を持つ公務員）仲間の紐帯《ちゅうたい》が、検察の「最強の捜査手法」を支えてきたのである。

「割ってなんぼ」が特捜検事に対する評価基準になった。「割る」とは、被疑者らから捜査当局のストーリーに合う自白を得ることをいう。検察では、次第に、自白をとるためには、脅しすかしから利益誘導まで手段を選ばない、供述調書至上主義ともいうべき状況が生まれた。

2000年代になって状況が一変した。司法制度改革で、国民から選ばれた裁判員と裁判官の合議体が被告人を裁く裁判員裁判が09年から導入されることになり、国民の目を意識した裁判官たちが法施行前から弁護側の主張に熱心に耳を傾けるようになり、検察の供述調書を疑いの目で見始めたのだ。

検察側が証拠採用を求めた供述調書などを、裁判所が袖《そで》にするケースが目立ち始めた。しかし、検察幹部らは調書至上主義の捜査手法を反省せず、「(検事の)調書の取り方が下手だからだ」などとして相変わらず、取り調べ検事に対し「裁判官が事実と認定しやすい」調書の作成を求めた。

その行き着いた先が、大阪地検特捜部検事が作成した供述調書を信用できないとして証拠から排除した村木厚子元厚労省局長の無罪判決であり、その調書のストーリーに沿うよう主任検事が押収《おうしゅう》証拠を改竄《かいざん》した事件だったことは前にも指摘した。

もともと、供述調書至上主義の本家は東京地検特捜部だった。主任検事は大阪地検特捜部から東京地検特捜部に異動してそのスタイルに深く馴染《なじ》み、大阪に戻ってもそれを継続して奈落《ならく》に落ちた。

主任検事だけでなく村木事件当時の特捜部長、副部長も逮捕され、検察に対する国民の信頼は吹き飛んだ。供述調書を取るために手段を選ばない検察の捜査モデルは完全に壊れた。世論の批判を浴びた検察は、過剰に萎縮し、政界事件や大型経済事件の摘発から遠ざかった。

刑事裁判において、適正手続きで獲得し物証などで裏付けられた自白が「証拠の王」であること自体は変わりがない。犯罪にかかわった者が自らの体験を忌憚《きたん》なく語ることが真相解明への最短距離であることは動かしがたい事実だからだ。

法務・検察は、組織を挙げ、無理な取り調べをしなくても供述を得られる新たな捜査手法の構築に乗り出す。検察に対し他人の犯罪事実について供述する代わりに、刑事責任の追及を免れたり、裁判で通常より軽い求刑を受けられたりする「協議・合意制度（日本版司法取引）」の導入である。

16年5月、弁護士会が求め、大阪地検の不祥事の翌11年から一部で試行されていた取り調べの録音録画の義務化を受け入れる代わりに、検察側が望む協議・合意制度の導入を柱とする改正刑事訴訟法が成立。日本版司法取引は18年6月、録音録画は19年6月から施行された。東京地検特捜部は日本版司法取引を駆使して18年11月、日産元会長のカルロス・ゴーンを、巨額の役員報酬を隠したとする金融商品取引法違反と日産の資金を不正送金したとする会社法違反（特別背任）で摘発。ようやく、かつての勢いを取り戻した。

大阪地検特捜部の不祥事が検察や警察など法執行機関に与えたダメージは大きかった。その生々しい傷が癒《い》えない中、検察と警察は、工藤會事件という難敵に挑むことになったのである。

第5章 反撃の手がかり

「反撃」の手がかり

頂上作戦の捜査の話に戻る。

いかに工藤會トップを摘発するかで日夜、知恵を絞ってきた福岡地検小倉支部長の天野。事件の手がかりを求めて工藤會事件の関係資料を読み漁《あさ》っていた主任検事の上野と上田。

3人とも、2013年12月20日に上野忠義が射殺されるまで、その15年前に兄の梶原國弘が工藤連合草野一家田中組幹部に射殺されていたことを知らなかった。

それは検察では別に珍しいことではない。判決が確定した事件は、刑事手続き的には終わった事件となる。検事は普通2年で転勤する。懸案として代々、引継いでいる事件でなければ組織内では忘れ去られる。上野らはここ数年に起きた未解決事件の捜査に集中していたとみられる。

主任検事の上野は、警察官らとともに忠義の司法解剖に立ち会い、そこで初めて梶原事件を知った。翌日の新聞は、梶原事件について詳細に取り上げていた。

「これはなんだ」

天野らは愕然《がくぜん》とした。

天野と上野、そして上田の三検事と県警北暴課長の尾上は年末年始に記録を詳細に読み込んだ。そして14年正月明け。天野ら地検小倉支部側と、尾上ら県警側は、梶原事件を再捜査し、野村と田上を梶原射殺事件の共犯として立件することを決めた。

頂上作戦の主任検事である上野は当初、梶原事件での野村らの立件は、工藤會の組織ぐるみの犯行の疑いが濃厚だった13年1月の看護師殺人未遂事件との抱き合わせで行うべき、との意見だったとされるが、天野が説得し、梶原事件、看護師事件の順で立件する方針を決めた。上田は当初から、天野同様、梶原事件での野村らの立件に積極的だった。

梶原射殺事件に対する発生当時の捜査は実行犯までしか届かず、指示したとみられる上層部は起訴を免れていた。工藤會はそれで味をしめ、梶原・上野ファミリーに対する攻撃は次第にエスカレート。遂《つい》に梶原の実弟まで殺した、と天野や上野は受け止めた。

県警の第一線にいた尾上は奮い立った。

「当初、頂上作戦の第1弾として（証拠がある）看護師事件を立件しようと暴対部長の猪原さんらと相談していた。ところが、通信傍受の証拠化で苦労し、行き詰まっていたときに上野忠義さんが殺された。その原点は梶原國弘事件にあるということで、上野検事から資料を貰《もら》った。資料を見たら、田上は再捜査で立件できるような証拠があった。年末に天野支部長に、野村は上積み（追加証拠）が必要かもしれんが、田上はいけると伝えた。天野さんは年が明けて、私もいけると思う、と。それで上野、上田両検事も含めこれを第1弾にしよう、となった」

天野らが捜査・公判資料を洗い直し始めた当時、事件は発生から16年近くが経過していた。事件発生当時の殺人の公訴時効は15年。刑事事件としては終わっているはずだったが、２０１０年の刑事訴訟法改正で殺人事件の時効が撤廃され、梶原事件は、証拠さえそろっていれば、容疑者を起訴できることになっていた。

確定記録の公判証言や最初の捜査で検事が作成していた供述調書を踏まえ、１９９

0年代後半から検察と裁判所で積み重ねてきた暴力団の組織的犯行にかかわる共謀共同正犯理論によって証拠全体を再評価すると、事件は中村数年、古口信一ら実行犯のみによって遂行されたのではなく、より上位の者、つまり野村、田上の指示による組織犯罪であると判断できると天野らは考えた。

古口ともう一人の実行犯と県警が見立てた西田智明は、天野らが資料を点検した時点ではいずれも死亡していた。刑事裁判では、他人からの「また聞き」を内容とする伝聞証拠は、被告側がその内容について反対尋問できないため、原則として証拠とすることができない（刑事訴訟法320条）。ただし、その内容を直接体験した者が死亡ないし所在不明といった特別の事情がある場合は、例外的に証拠にすることができると定めている（同321条）。

野村、田上の関与を示唆《しさ》した実行犯の証言を聞いたとする公判供述を、内容の真偽は別にして、そのまま法廷に証拠として出せるということだ。これも、検察側には有利な状況だと天野らは考えた。

共謀共同正犯理論の「成熟」

天野は大阪地検公判部時代の2002年から04年にかけて、公判を通じ暴力団トップと実行犯の組員の共謀共同正犯を立証する理論武装にかかわっていた。どういう証拠をどう組み立てれば実行犯の組員との共謀共同正犯でトップを起訴できるかを最もよく理解していた検事の一人だった。

発端は、1997年8月28日、神戸市内のホテルで五代目山口組若頭の宅見組組長、宅見勝《まさる》が射殺された事件だった。抗争を懸念《けねん》した捜査当局が、山口組最高幹部らを摘発するために編み出したのが、警護役の組員の拳銃《けんじゅう》所持を摘発する際に、警護を受ける幹部まで「共同所持」で立件する手法だった。

第1号は警視庁が摘発した。

内偵情報をもとに97年12月、五代目山口組若頭補佐で三代目山健組組長の桑田兼吉《かねよし》と後続の警護役の組員の車を東京都港区六本木の路上で止め、拳銃5丁と実弾34発を所持していた銃刀法違反の現行犯で逮捕した。

「銃の所持は指示していない」と共謀を否定した桑田に対する一、二審の懲役7年の実刑判決が最高裁で確定するのは2003年5月。暴力団の最高幹部と組員の間で、具体的な謀議の事実がなくても罪に問えるという、画期的な判例となった。

「二転三転」

1998年6月には、大阪府警が、五代目山口組若頭補佐で弘道会会長だった司忍《つかさ》こと篠田《しのだ》建市（現・六代目山口組組長）を逮捕した。容疑は97年9月、宿泊先の大阪市内のホテルロビーで、配下の組員2人が拳銃2丁を所持していたとして現行犯逮捕された事件の共謀共同正犯である。一審の大阪地裁判決は無罪を言い渡したが、控訴審で大阪高裁は懲役6年の実刑を言い渡し、2005年11月、最高裁で刑が確定。篠田は服役した。

さらに、大阪府警は2001年7月、逃走していた五代目山口組若頭補佐で芳菱会総長の瀧澤孝を逮捕した。1997年9月、篠田一行とともに宿泊した同じホテルのロビーで篠田らの事件と同じ時刻に、配下の組員と共謀し実弾入りの拳銃2丁と予備の実弾を組員が所持したという容疑だった。

この裁判が紛糾した。天野は大阪地検公判部検事として一審公判に立ち会い、弁護側と応酬を繰り広げた。篠田のケースと状況は同じだったが、一、二審は「組員が被告を厳重に警護していたとは認められず、被告が組員の拳銃所持を認識していたとするには合理的な疑いが残る」などとしていずれも無罪判決を言い渡した。最高裁は2

009年10月、無罪判決を破棄して審理を大阪地裁に差し戻したが、11年5月、大阪地裁は、一、二審と同様の認定をしてまたもや無罪（求刑、懲役10年）を言い渡した。検察側は控訴。すると大阪高裁は13年8月、無罪とした差し戻し後の大阪地裁判決を破棄。審理を地裁に差し戻した。結局、裁判は地・高裁で計3回の無罪判決が出され、最高裁で破棄差し戻しが2回出るという異例の展開をたどった。瀧澤は2回目の差し戻し審で懲役6年を言い渡した地裁判決を不服として控訴中の18年5月、死亡。公訴棄却となった。

田上不起訴処理の疑問

梶原事件の捜査の話に戻る。

警護役組員の拳銃の共同所持容疑で暴力団トップを摘発した桑田事件以前の検察、警察の現場の、共謀共同正犯についての一般的な考え方は、「いつ、どこで、誰と誰が具体的に犯罪を謀議したという事実の立証ができないと立件は無理」とするものだった。

梶原事件の第一次捜査当時、県警と地検小倉支部には、まだ桑田事件以来の新たな共謀共同正犯理論は浸透していなかったようだ。先にも触れたが、福岡地検小倉支部が田上を梶原射殺事件で処分保留として釈放したのは2002年7月。不起訴処分にしたのは05年3月である。不起訴処分は、従来の「共謀認定基準」に沿って行われたと思われるが、この不起訴処分の1年10カ月前の03年5月には、桑田事件の最高裁判決が出ている。

一例とはいえ従来の共謀認定基準を覆《くつがえ》す重要な最高裁判決が出たのである。梶原事件での田上や野村の関与について、この新基準をもとに捜査を見直してしかるべきだったのではないか、と筆者は考える。

実際、不起訴処分の時点で、天野らが後に「再捜査の端緒」と受けとめた証拠のいくつかはすでにあった。そして、天野らの見立て通りに有罪判決が出た。

しかし、元検察幹部によると、福岡県警や小倉支部が当時、田上や野村の訴追に向け、再捜査を試みた形跡はなかった。桑田判決は特殊なケースであり、軽々に一般化できるものではないと考えたのだろうか。

梶原事件の確定記録から、野村、田上再捜査の端緒を見つけた天野らに対し、14年1月16日の大阪高裁判決が、暴力団トップと実行犯の共謀認定で強力な援軍になったことは「はじめに」でも触れた。その歴史的な認定基準判断について判決が示した文言を改めて紹介しておこう。

〈暴力団最高幹部を含む複数の組員が、当該暴力団の指揮命令系統に従って組織的に犯行を準備し、当該暴力団の活動であることを顕示するような態様で犯行を実行しているというような事実関係の下では、経験則上、特段の事情がない限り、その犯行は、当該暴力団の首領が共謀に加わり、その指揮命令に基づいて行われたものと推認される〉

この高裁判決自体、直接的な共謀の事実がなくても暴力団トップと組員の共謀を裁判所に認定してもらうため、天野ら検察が90年代から練り上げて来た理論武装の成果だった、といえるかもしれない。

被害者遺族への説得

着手を急ぐ小倉支部に対し、福岡高検が、「確定判決とは別の新証拠がない限りだめ」と「待った」をかけた——との報告を天野から聞いた福岡県警北暴課長の尾上は歯ぎしりした。「小倉支部はやる気満々。ところが、福岡高検幹部が慎重だった。小倉と福岡との距離感を感じた」と振り返る。

しかし、愚痴を言っても仕方がない。高検の求める「新証拠」を集めるため、小倉支部と福岡県警は、手分けして極秘で事件関係者の聴取を始めた。

実行犯の有罪判決が確定した梶原射殺事件を、野村と田上逮捕の第1弾とする方針の尾上や天野らにとって、最初の難関は、梶原の遺族である太郎の取り調べだった。工藤連合草野一家田中組のヒットマンがなぜ梶原を殺害したのか。

野村と田上が殺害を指示した動機は、梶原・上野ファミリーが利権がらみの交際要求を断った見せしめと見立てていたが、その推測を裏付ける証拠、つまり、襲撃にいたるまでの野村、田上ら田中組幹部と梶原・上野ファミリーの間での利権要求をめぐる具体的なやりとりなどを太郎から詳細に聴きだす必要があった。

県警と梶原・上野ファミリーとの関係は1990年代初めからこじれにこじれていた。2002年に県警が梶原射殺事件の容疑者を逮捕した際、太郎は県警を信用せず、小倉支部の検事の調べにも、90年代初めに工藤連合幹部の依頼で1000万円を貸したこと、梶原と野村のクラブでのトラブルの後、田上に謝罪し1000万円を渡したことなどは供述していなかった。

梶原・上野ファミリーは、工藤連合草野一家総長の草野高明との利権交際を理由に福岡県や北九州市の公共事業から締め出されたのを機に、工藤連合など暴力団への資金提供を断ったが、県警は依然として、ファミリーが工藤連合など暴力団と関係があると疑っていた。

「ドーベルマン」時代の県警がファミリーを執拗《しつよう》に追及した記憶も新しかった。太郎らは、県警に工藤連合系組員らから利権交際を要求された事実や、過去の野村と田上との「手打ち」の事実などを話すと、暴力団組員との交際や利益供与と受け取られかねないと考え、口をつぐまざるを得なかった面もあった。

そういう状況下で県警の捜査員が改めてファミリーのドアをノックしても、扉が開く可能性は少ないとみられた。

一方で、当時の北九州市の漁協関係者や建設業関係者の間では、「検事は、暴力団などとの癒着《ゆちゃく》がなく、頭がよくて、クリーンで」という受け止め方をされていた。検察がそれほど単純ではないことは既に述べた通りだが、これは北九州市民に限らず、全国のそこここでみられる現象だった。特に、警察に対する反感を持っている人たちにその傾向が強かった。そのため、漁協、建設業で警察に非協力的な人たちへのアプローチと供述採取は上野、上田ら小倉支部の検事が担当し、そうでない人たちは、県警の捜査員が受け持つことになった。

非協力から協力へ

梶原・上野ファミリーの大黒柱で、工藤會の襲撃の背景を最も知る立場の太郎は、上田が説得することになった。

警察を頼れない中、言葉で脅され、自宅や事務所を銃撃され、ついには身内を殺された。それでも太郎は、工藤會に対するみかじめ料を払わなかった。工藤會からの利権交際要求は延々と続く。恐怖と緊張の日々、それがどれほどきついことか、想像もつかない。

捜査関係者によると、太郎は梶原が射殺されてから、北九州市内の飲食店では一度も酒を飲んでいない。いつ、襲撃されるかわからないからだ。外で飲むのは、漁協主催の海外旅行のときだけだった。

上田が接触したころ、太郎は梶原に続き上野忠義が殺されたことから、さすがに自分や家族の身の危険を強く感じ、警察に厳重警備してもらう必要を感じていた。そのために、多少、捜査に協力する姿勢に転じていた。

太郎は、野村と田上の訴追のため捜査に協力してほしい、という上田の説得に応じ、梶原が92年に北九州市のクラブで野村を無視したことに因縁をつけられ、田上にカネを払ったこと、その後、自治体の指名停止を受けてからは、利権交際の要求があっても一切拒絶し、金を支払っていないことなどを供述した。その裏付けとして、田上らとのやり取りを記録した手帳などを提出。これが野村、田上の動機解明に大きく貢献することになった。

元組員の協力

次なる難関は、野村、田上の事件へのかかわりを知る工藤會関係者から供述を得ること。捜査報告書にあった、野村らの事件関与を示唆する情報を持つ関係者に対する取り調べが始まった。

西日本の刑務所で服役中の元工藤會組員は、主任検事の上野や北暴課の刑事の粘り強い説得を受け、最終的に捜査に協力することになった。

元組員は梶原射殺事件の第一次捜査で実行犯として逮捕された西田智明から事件前に、

「梶原をジギリとしてやる」

「これで自分は組長になれる」

と聞いたと供述した。「ジギリ」とは暴力団の用語で、個人の意思ではなく「組織活動」として犯罪行為を行うことをいう。

西田はさらに、犯行後、「とどめは（実行犯として無期懲役が確定し服役中の）中村（数年）が刺した」と元組員に告げていた。

西田はこのとき、「中村の家には（暴発した）チャカ（拳銃）の弾が残っとる」とも語ったとされる。

さらに、梶原射殺の約1週間前、野村が、当時の工藤連合草野一家トップの溝下秀男に面会した後、溝下方応接室で田上に携帯で電話をかけ、

「話は終わった。今から中村と古口（信一、見届け役などと認定され懲役20年の刑が確定、服役中に病死）を紺屋町に呼んでおけ」

と指示するのを聞いた、との元組員の供述も得られた。「紺屋町」は田中組系事務所を指す。前後関係からして野村が梶原襲撃について当時の工藤連合トップの溝下の了解をとり、そのうえで実行犯に犯行を指示していたとも受け取れる。

野村が射殺事件に直接的に関与していたことを示唆する供述だった。野村に対する裁判所の有罪の心証形成に大きく寄与する可能性があった。

しかし、検察側は最終的に、この供述調書の証拠申請を見送り、供述した元組員の証人申請もしなかった。検察にとっては、逆に、あまりにも核心的でリスキーな供述だったのだ。

供述調書を証拠申請すれば、当然、弁護側は証拠採用に反対する。供述内容を裁判所に証拠採用してもらうには元組員を証人に立てるしかない。

供述の骨格は揺るがないとしても、ヤクザはヤクザ。脛《すね》に傷はいくらもある。弁護側がそこをつけばホコリが出て、裁判所が元組員の証言に疑いを持つことになると、野村の関与を含め、検察の立証全体に対する裁判所の心証が悪くなる恐れがあった。

さらに、工藤會事件特有の具体的なリスクもあった。

工藤會の組員はトップの意に反する組員を殺すことを厭《いと》わない。元組員を法廷にさらすことで、工藤會側は明確に親分、組織に対する「裏切者」と認識する。野村、田上が指令しなくても、跳ね上がりの組員が供述者を襲撃する恐れがあった。検察は、元組員を証人として出す危険があまりにも大きすぎると判断したのだ。

結果として、検察側は、迂遠《うえん》で手間暇のかかる立証方法をとらざるを得なくなった。膨大な関係者の証言などによる間接証拠で野村、田上と実行犯の共謀を立証する道である。

後ろ髪を引かれる思いで

「はじめに」でも触れたように、天野は、福岡県警と地検小倉支部が梶原射殺事件で野村、田上を逮捕する半年前の2014年3月時点で、同事件で2人を立件できる材料はそろった、と判断していた。しかし、長崎地検検事正に異動を命じられ捜査から手を引いた。

「頂上作戦」で天野たち小倉支部検事と綿密に協議を重ねてきた県警北暴課長の尾上も、天野同様、3月時点で着手に向けた証拠収集は順調だと考えており、早期着手の方針で天野と一致していた。

「天野さんが異動の内示を受けた時点で着手できる証拠はそろっていた。天野さんの異動はショックだった。内示なら、変えられるんやないかと、検察への陳情も考えたが、よその役所の人事に口出しはできない、と思いとどまった。天野さんは後ろ髪を引かれる思いだっただろう。検事正になるんだから、いいやないですかと慰めた」

その後、県警刑事部長に昇進した尾上は言葉を選びつつ、のちに、こう振り返った。天野は長崎地検検事正で定年退官。公証人になり、その後、弁護士登録した。工藤會トップ摘発の道筋をつけた捜査の功労者として検察や警察関係者から賞賛され、のちに、マスコミにも取り上げられた。

後任支部長の判断

天野の後任の支部長には、広島高検刑事部長から原島肇《はじめ》が就任し、捜査を引き継いだ。原島は1988年任官。神戸地検刑事部長、大阪地検公安部長を歴任した捜査のプロだ。

捜査を引き継いだ原島の受け止め方は、天野とは違った。天野は「立件に必要な証拠は十分ある」と見ていたが、原島は、立件には「さらに証拠を深める」必要があると考えたのだ。

原島着任後の小倉支部は「看護師事件の証拠を整理し、梶原事件と看護師事件をセットにして摘発する方針」を確認。梶原事件については、「（県警の捜査と並行して）検察独自でも捜査を進めて更に証拠を深め、仕切り直して、再度、高検の了解を求めることにした」（当時の小倉支部幹部）のだ。

そういう方針をとったのは、「梶原事件と看護師事件は、時期は異なるが、いずれも工藤會の組織的犯行であり、犯罪構造は一緒。看護師事件で組織原理や組織的犯行の実態を解明し、動機が明白な野村とつなげる。2つの事件の実行犯は違っても、野村、田上が指示ないし承認する構造は同じ。その構造のもとで梶原事件も敢行された、と証明するほうが立証が容易になると考えた」（同幹部）からだ。

主任検事の上野が当初、構想したとされる方針に戻ったともいえる。実際、その後の県警と小倉支部は、梶原事件と看護師事件について同時並行で捜査を進め、組織犯罪の立証に自信を深めたうえでまず、梶原事件で野村、田上を摘発。間髪を入れず看護師事件に着手した。

天野が構想していた早期着手はなくなった。といって、原島が工藤會捜査に消極的だったわけでは全くない。むしろ、前線を指揮する捜査検事として、歴史的ともいえる「頂上作戦」に取り組めることを誇りに思っていたとみられる。

原島は、天野や主任検事の上野から、2月の高検との協議で着手にストップがかかったことを聞いていたと思われる。組織人としては上級庁である高検の判断は無視できない。それを踏まえて証拠を吟味し、捜査方針を決めたとみられる。

要は、高検が「新証拠がないとだめ」というのなら、高検が納得するだけの証拠を揃《そろ》え、改めて着手を説得すればいい、というスタンスだった。法と証拠を重んじる検察において、それはある意味、常道だった。

捜査は人が行うもの。同じ証拠を見ても、証拠の評価や、それにもとづく捜査方針が違うことはある。原島の方針に上野、上田らが反発し抵抗したとの話も伝わってこない。

天野は「3月には着手できると思っていた」が、配下の上野たちの認識が同じだったかは定かでない。着手するには、天野の見立てを裏付ける具体的な証拠（供述）が必要だった。元組員から梶原事件への「野村の関与」を引き出した上野は「捜査の全体像が固まってから報告するタイプ」(天野)だった。それもあってか天野は転勤するまでに、上野が作成した元組員の供述調書を見ていない。

そもそも上野と上田は、野村と田上を起訴すれば、検察側が証拠請求する関係者の供述調書は弁護側が不同意にするとみていた。勝負は公判証言になる。供述調書作成よりも、公判で証言してくれるよう信頼を積み重ねることに重点を置いていた。実際、上田が梶原の親族の太郎から供述調書を作成するのは、5月26日の歯科医師事件が発生した後になった。

結局、小倉支部が福岡高検に、梶原事件の着手を求めて再協議するのは6月に入ってからになった。

福岡県警の苛立《いらだ》ち

一方、福岡県警側は、福岡高検が慎重すぎるため、着手のゴーサインが遅れていると受け止め、不満を募らせていた。

福岡県警は、工藤會対策で全国から機動隊や暴力団刑事を投入してもらい、本部長、暴対部長のセンターラインに樋口、猪原というエース級のキャリア官僚が送り込まれていた。早く結果を出したいという焦《あせ》りもあっただろう。

捜査を攪乱《かくらん》するため、工藤會が警察官や市民を狙《ねら》った無差別テロを準備していると
の情報も寄せられていた。

符合するように、工藤會は県警の捜査員を威嚇《いかく》した。組員が尾上配下の捜査員をこれ見よがしに尾行したのである。2014年2月には、警察官が多数居住する地区に近いJR赤間駅前に、「ヒットマン候補」の組員数人がたむろし、職務質問した警察官に対し、「駅から出てきた警察官を見ている」と答えた。工藤會幹部の一人は、「捜査員を殺《や》ったとしても、殺った人間の家族の面倒を見られるぐらいのプールはちゃんとしとるんやけ」とうそぶいたと伝えられる。

県警北暴課長だった尾上は「野村、田上の摘発に失敗すれば命を狙われると思っていた」と振り返る。尾上の官舎には夜間、パトカーが常駐。ずっと赤色灯を点灯した。田中組幹部が上野、上田の名を挙げて、襲撃や威嚇について語っているとの情報があったことは先に触れたが、実際、上野が所有するオートバイと同型の別の検察関係者のオートバイが官舎の駐車場で焼かれる事件も起きた。

「陳情」

警察側は、思い切った行動に出る。

福岡県警本部長の樋口眞人が、暴対部長の猪原誠司、北暴課長の尾上芳信を伴い、東京・霞が関の最高検に公安部長の検事、上野友慈を訪ねたのは2014年4月25日。名目は「暴力団犯罪の実情等について」のプレゼンだったが、梶原事件の証拠も示しながら、工藤會トップ摘発の重要性を訴えた。

県警側は、九州大学出身で九州の暴力団事情にも詳しい公安部長の上野に、立件に慎重と受け止めている福岡高検の背中を押してもらいたいとの期待を込めていた。樋口は、東大在学中に司法試験に合格。検察にも知己が多かった。この会議には、警察庁の暴力団担当者も同席した。樋口は6月にも再度、単身で最高検に公安部長の上野を訪ね、梶原事件着手の必要を訴えた。

検察には、検察官同一体の原則にもとづき、重要事件の着手の可否について、地検（支部）→高検→最高検の順で決裁して検察組織の意思を統一するルールがある。警察が事件の着手などで検察側と交渉するのは、事件送致先の地検や、その上部機関である高検が普通で、福岡県警が高検を飛び越え、最高検まで出向いて「説明」するのは異例だった。当時の県警幹部によると、樋口は2回の最高検訪問とも、福岡地検、福岡高検幹部に「最高検に行きますよ」と仁義を切って出かけたという。

警察庁長官の米田は、福岡県警が福岡高検との調整に手間取っていたこと、樋口らが4月に最高検に「説明」に行くことは聞いていたが、樋口が再度、最高検に出向いたことは知らなかった。

「ある日、樋口君が長官室にやってきて『いま最高検に行ってきました』と。検察側もびっくりしたかもしれないが、警察庁刑事局長の栗生（俊一、2021年10月から24年10月まで内閣官房副長官）君が法務・検察側にフォローしていた。いろいろあったが、結局、うまくいった」と振り返る。

最高検公安部長の上野は、樋口らの「陳情」を聞き置くだけで明確な判断は示さなかったが、県警側の熱意は伝わった。上野は1回目の「陳情」の直後に、視察名目で小倉支部を訪問。支部長の原島や主任検事の上野、上田と面談した。当時の支部幹部は「支部として、仕切り直して高検の了解を受けるべく準備中である」と説明したという。

被害者とともに泣く

そうこうするうち、梶原の親族の歯科医師が出勤途中に刃物で刺され重傷を負う事件が起きた。

歯科医師は身の安全のため中学から大学院まで県外で学んだ。東北地方で歯科医師となり、14年2月ごろ北九州市に戻ったばかりだった。そのころ次は太郎の親族が狙われるかもしれないとの情報があった。県警は、3月から歯科医師を保護対象にし、厳重警戒を続けたが、襲撃がなかったため5月になって警戒を緩めた。

歯科医師が襲撃されたのは、それからしばらくした5月26日だった。

太郎は、上田に対し、

「つらい。自分が刺された方がよほど楽だ」

と語った。そして、太郎たち梶原・上野ファミリーは「県警が警戒を緩めたことをヤクザが知って、襲撃に及んだのではないか」と疑った。つまり、警察が工藤會に情報を漏らしたために襲撃されたのではないかと考えたのだ。

後に、実行犯の供述で情報漏洩《ろうえい》はなかったことが判明するが、太郎は、刃物で刺され重傷を負った歯科医師本人以上に、県警や検察に対して怒りをあらわにした。

上田は忸怩《じくじ》たる思いだった。頂上作戦に早く着手していれば、歯科医師が被害に遭うことはなかった。捜査の進め方によっては、早期着手も不可能ではなかった。着手が遅れたのは、検察内部の事情によるもので、被害者にはまったく責任がなかった。

上田は、太郎と歯科医師に涙を流して謝った。

検察には「被害者とともに泣く」という言葉がある。

日常的な犯罪の処理について検察のあるべき姿勢を語ったもので、それは、警察についても同じだ。

1970~80年代に検察のエースといわれた伊藤栄樹《しげき》が85年12月の検事総長就任会見で掲げた3つの信条、

「悪いやつを眠らせない」

「被害者とともに泣く」

「嘘《うそ》をつかない」

のひとつとして有名になった。

上田はまさに、被害者とともに泣いた。

検察側の都合で、本来、被害に遭わずに済んだかもしれない人を傷つけてしまった。その上田の忸怩たる想《おも》いと、「犯人は絶対に捕まえる。そのために協力してほしい」との真摯《しんし》な説得は、太郎に伝わったとみられる。その後も太郎の捜査協力は続き、梶原事件や歯科医師事件における野村、田上の動機解明に大きな力となっていく。

野村、田上の一審判決1週間前の2021年8月中旬、当時、県警暴力団対策部長だった國本正春はこう振り返った。

「太郎さんの心を開いたのは上田検事だった。地道な説得で誠意が伝わった。証拠も出てきた。太郎さんは、親族が襲われてから一層、工藤會をつぶさねば、という想いが強まったようだった」

高検、最高検の了解

6月初め、小倉支部は、高検に梶原事件の補充捜査で得た証拠と看護師事件の証拠を示し、両事件で野村、田上を立件する方針を伝えた。高検は了承した。

7月9日には、警察庁次長の金髙雅仁（その後警察庁長官）が野村、田上の検挙に向けた捜査状況を視察するため、県警や福岡高検などを訪問した。

一方、工藤會の暴走は一向に収まる気配がなかった。7月21日には元工藤會組員による小倉北警察署玄関への車両突入事件が起きた。

25日には、太郎が経営する会社の元従業員の女性が自宅マンションの駐車場で刺される事件が起きた。県警と小倉支部はこれも、工藤會上層部の関与を疑った。このとき、小倉支部の再起（不起訴処分とした事件を再び捜査する）着手報告は最高検まで上がっていた。

8月中旬、最高検の決裁がおりた。

それを見極めて警察庁は8月末、県警の工藤會対策を指揮した猪原を警察庁に引き上げ、後任の暴対部長に千代延晃平を据えた。千代延は、将来の警察庁長官候補と目されるピカピカのエリートキャリアだった。

千代延の福岡県警勤務は2回目だ。最初は2000年から2001年に県警捜査二課長。直接の担当ではなかったが、在任中に、検察との関係をぎくしゃくさせることになった福岡地検次席検事、山下永寿の情報漏洩疑惑が起きた。警察庁刑事局刑事企画課に戻ると、尾上が福岡県警から出向中だった。以来、尾上とは気心の知れた仲だった。

福岡地検次席検事も、玉置俊二から長谷透《はせとおる》に交代した。

長谷は、山口組幹部の瀧澤孝の拳銃共同所持事件では、大阪高検検事として2回目の控訴審を担当した。これまた、検察における暴力団事件のエキスパートだった。

小倉支部と県警は、野村、田上逮捕に向けた準備を進め、県警は9月11日、工藤會トップの野村を梶原射殺容疑で逮捕した。ナンバー2の田上不美夫は、捜査の動きをキャッチして捜査員が踏み込む前に逃亡。13日に出頭して逮捕された。

「新たな証拠の上積みはなかった。歯科医師事件があってようやく高検も、このテロを止めるためには少々無理しても、やらないかんと決断したのではないか」

尾上は後にこう振り返った。そこには、天野同様、14年3月にも着手できる材料はそろっていたのに、検察側の都合、つまり福岡高検の慎重姿勢のせいで、実現せず、結果として無用の被害を出したという悔恨がある。

梶原事件の着手をめぐってはいくつかの疑問がある。

福岡高検が2月に小倉支部との協議で示した着手ストップの判断は正しかったのか。早期着手を唱えた検察側の現場指揮官を、捜査の山場で異動させたのはなぜなのか。歯科医師が被害に遭わなくても、高検は着手にゴーサインを出したのか。

筆者は検察側の当事者に可能な範囲でそれらを問いただしたが、腑《ふ》に落ちる回答は得られなかった。

捜査資料と関係者証言の齟齬《そご》

2014年8月中旬、福岡地検小倉支部検事、上野正晴名で作成された梶原事件の着手報告書には、同事件の捜査経緯が以下のように記されている。

〈(上野忠義殺害を機に梶原事件の一件記録を検討した結果、上層部の関与を示唆する供述や証言があることが判明。小倉支部は)今後の捜査次第では、被疑者野村及び同田上の関与を十分立証し得るだけの証拠が、新たに得られる可能性があると考えた。

但《ただ》し、福岡地検本庁・福岡高検での協議を踏まえ、被疑者野村及び同田上を、16年前に発生した本件で立件することは非常にインパクトが大きい上、事前に工藤會側に伝われば、何らかの報復攻撃を招きかねないおそれがあるため、保秘を徹底する必要があり、また、仮に立件するとなると被疑者田上については同一事件による再逮捕・再勾留《こうりゅう》ともなるので、それらの点をいかにクリアするかの検討が必要となった。

まずは、一件記録を詳細に検討することと、再立件の場合に必要となる聴取対象者の選定作業などを行うに留めて、関係者への聴取等は、本件の立件の可否の判断後に行うこととしていた。

ところが、平成26（2014）年5月26日、被害者の親族である歯科医（略）が、出勤途上で刃物で刺されて後遺症の残る重傷を負い、その後、太郎に対して「（略）」の脅迫状が送り付けられた。

そのため、このまま事態を座視するだけでは犠牲者が増えるだけだとの判断から、再立件時に改めて聴取が必要として抽出していた関係者42名のうち、比較的保秘への影響が少ないと思われる20名を選定して検察官において取調べを行うなど、可能な範囲での再捜査を実施することとした。

その結果、太郎や（略、組関係者）から本件の動機・経緯に関する供述を得られ、また当時は（略、同）からも、本件の共謀の成立過程に関連する供述が得られ、これらをPS（検察官作成の供述調書）化することができ、新証拠が得られた。新証拠を踏まえて、地検本庁・高検と共に、改めて証拠関係を再検討した結果、現時点の証拠関係だけでも、被疑者野村及び同田上を逮捕・勾留して起訴し、有罪を獲得できるだけの証拠はあるものと判断し、その論理構成などを（略）検討した〉

着手報告書と関係者の証言では、被害者遺族や組関係者に対する聴取開始の時期が違っている。着手報告書は、検察の内部文書だが、最高検まで上がる。小倉支部は、高検の反対で着手が遅れ、そのために歯科医師が被害に遭ったと最高検が受け取らないよう、高検に配慮したのだろうか。

筆者は21年9月から11月にかけて、大阪高検刑事部長に昇進した上野正晴、福岡高検検事長だった北村道夫・カジノ管理委員会委員長、最高検公安部長だった弁護士の上野友慈に対し、上記の事実関係について文書で示したうえ、当時の捜査経緯などについて事実確認を求めた。

上野正晴は、「（2021年8月24日の）判決はひとつの通過点に過ぎず暴力団対策がまだ途上にある中で、現職としてお話しできることはほとんど何もありません。また、捜査は、長期間にわたり、大勢の者がそれぞれの立場で力を尽くした結果であり、一部の関与のみが取り沙汰《ざた》されることは、誤った印象を世の中に与えることにもなりかねません」とし、「ご依頼は謹んでお断わりさせていただきたい」と回答した。北村はカジノ管理委員会を通じ、「工藤會事件は控訴され、高裁にかかっているため、取材には応じられない」と回答。上野友慈は「現職時代のことは取材に応じていない」と回答した。

パジャマで逃げ出した野村

2014年9月11日の野村、田上に対する県警の「捕り物」は、一筋縄ではいかなかった。

県警はこの日早朝、野村、田上を逮捕する予定だったが、田上は逃亡。野村も一時、逃亡しかかっていたのだ。

県警八幡東警察署のパトカーが、北九州市内で野村の側近で工藤會総務委員長の山中政吉が運転するベンツを発見したのは午前4時半ごろ。職務質問のため車を停めると、車内にはパジャマ姿の野村がいた。署員は本部にその旨《むね》報告したが、野村の身柄は押さえなかった。

「そこで逮捕されなかったので、野村は、自分はターゲットではない、と思い込んだ

のか、自宅に帰った。それで予定通り逮捕できた。２人とも飛んで（逃亡して）いたら、大変なことになっていた」（尾上）

尾上たち県警も、地検小倉支部の上野、上田も、野村と田上を逮捕しても、梶原殺しを自白するとは考えていなかった。否認でも起訴する方針だった。しかし、２人が逃亡すると、いずれ身柄を確保できるとしても、予定していた捜査は大幅に遅れる。それ以上に、県警の威信のかかる身柄確保作戦で「本ボシを取り逃がした」と世論の批判を受ける恐れがあった。

ついに始まった頂上作戦（2014年）

警察は沽券《こけん》にかけても２人、特に、トップの野村の身柄を押さえる必要があったのだ。逮捕令状を示された野村が自宅を出るまで少し時間がかかった。カメラを意識したのか、白いスーツに着替えて連行された。

２人そろって逮捕できなかったことで、北九州市警察本部の会議室に設けられた捜査本部に詰めた約１００人の県警幹部らは気落ちしていた。その直後、捜査本部に入ってきた県警本部長の樋口はいつもと変わらぬ元気な声で、「100点満点だ。記者会見は予定通りやるよ」と組織犯罪対策課長の藤林信康に指示。暴対部長の千代延に命じて、警察庁に田上を特別手配させた。樋口の腹の据わった対応で捜査本部は一瞬にして活気を取り戻した。

着手前、樋口は尾上に「（野村らは）逃げるんじゃないか。1人でも捕まえたら、御の字。2人とも逮捕できたら、200点満点だ」と話していたという。

「工藤会トップら逮捕へ　98年、元漁協幹部殺害容疑」（朝日新聞）
「工藤会：最高幹部ら逮捕へ　漁協関係者襲撃関与の疑い――福岡県警」（毎日新聞）
「工藤会最高幹部　強制捜査へ　98年　漁協元組合長殺害疑い」（読売新聞）

14年9月11日の大手紙の朝刊はそろって、県警が梶原殺害容疑で工藤會トップの強制捜査に着手することを前打ち（事前報道）していた。

記者は、捜査当局の着手が近いと知ると、捜査妨害にならないよう配慮しつつXデーに向けて取材を進める。被疑者本人への直当たりはしなくても、動静を探るため、被疑者の自宅周辺を見回る。勘のいい被疑者だと「異変」に気付く。

田上の逃亡と、野村の「逃亡未遂」で冷や汗をかいた尾上は記者会見で「田上が逃亡したのは前打ちのせいだ」と指摘した。田上が、未明に何らかの方法で前打ち記事の内容を知って捜査の動きに気付き、逃走した、との趣旨だ。記者側は「それなら、なんで（逃亡を想定して）張って（捜査員を張り付けて）ないのか。（そうしていれば）我々が書いたとしても、逃げられなかったのでは」と逆襲した。取材競争に命をかける記者としては当然の反応だ。

「とはいっても、２人の逮捕やその後の関係先の捜索のため、多数の捜査員や機動隊員を配置していた。急に配置時間を１時間でも早めるのは至難のわざだった」

と尾上は振り返る。

県警本部長の樋口は自ら、報道のカメラの放列の中、記者会見に臨んだ。野村の逮捕容疑などを説明。さらに、「自分の将来、家族のことを考えて、工藤會から離脱することを期待する。更生の道を歩もうとする者を、全面的にバックアップします」と、工藤會組員に呼びかけた。

個別の事件で県警本部長が記者会見するのは珍しい。まして、暴力団員たちに向けて直接メッセージを発するのは前代未聞《みもん》だった。樋口から本部長を引き継ぐことになる吉田尚正《なおまさ》は東京でこの会見を見て度肝を抜かれた。

「驚いた。逮捕発表は部長クラスがやるのが普通だったから」

樋口のこの発言は何度も、テレビ画面に流れた。

テレビに顔出しして呼びかける行為は、リスキーだった。工藤會の残党の反発を招き、野村逮捕の報復で、樋口本人が狙われる恐れがあった。それも承知で行った樋口の組員への呼びかけは、県警職員と市民の多くに勇気ある行動と受け止められ、「暴力団対策に体を張る福岡県警」のイメージを定着させることにも貢献した。工藤會組員にも動揺が走ったと思われる。

「梶原の顔を見たこともない」

一方の検察側――。

地検小倉支部検事の上田敏晴は前夜から、寝袋を持ち込み、支部で泊まっていた。宿直を置かない小倉支部は夜間、無人になる。上田は、工藤會が早朝の野村逮捕への報復で、支部に発砲したり火炎瓶を投げ込んだりする可能性もあるとみていた。報復攻撃があれば、自ら犯人を追跡して捕まえるつもりだった。

主任検事の上野正晴らも朝5時には出勤。県警の捕り物を見守った。野村は、自宅で県警が逮捕したが、警察署には連行せず、いきなり福岡拘置所小倉拘置支所に勾留した。弁解録取書も拘置所でとった。11日中は拘置所で県警の捜査員が取り調べ、翌

12日から上田が野村を取り調べた。

「野村さんですね。上田です」

「(名前は)聞いてます」

野村は、工藤會事件の捜査にかかわる県警幹部はもちろん、小倉支部の検事についても熟知していた。取調官は上野か上田だと踏んでいたとみられる。録音録画のもとで、取り調べは淡々と進んだ。

上田は、野村の取り調べに備え、工藤會結成以来の歴史を勉強してきた。野村が「工藤會のこと、わしより知ってますな」と感心するほどだった。県警の取調官は、野村のことを「総裁」と呼んでいたが、上田は「野村さん」と呼んだ。暴力団の役職はしょせん幹部が自分たちを権威づけるために作った肩書。暴力団の土俵には絶対に乗るまいと考えていた。

野村は、暴力団としての活動歴などは率直に話し、供述調書への署名にも応じたが、「梶原事件には一切関係していない」と容疑を全面否認した。

〈事件をニュースで知るまで梶原國弘さんのことを全く知らなかった。顔を見たことがなく、利害関係も全くない。何かを要求したこともない。事件後しばらくして、当時の田中組組員だった古口、中村、西田たちが梶原さん殺しで裁判にかけられたのを知り、彼らが梶原さんと何の関係があったのか不思議に思った。彼らは、自分たちはやっていないと主張していたので、私は今でも彼らが犯人ではないと信じている〉

梶原射殺は実行犯の個人的動機による犯行ではなく、工藤會の「組織活動」として行った「ジギリ」だったのではないか、との質問についても、

〈ジギリとはいったい何のことか、わからない。そのような言葉は使ったことがない〉

〈工藤會では、組織で何かすることはない。下の者が勝手にするということはあるかもしれない〉

〈工藤會は任侠《にんきょう》精神を基本としており、守るべき市民を殺害するようなことは絶対に考えられない〉

と答えた。関係者供述で検察、警察は、野村が梶原と直接の面識があり、かつ利権要求をめぐり両者が緊張関係にあったことをつかんでいた。捜査する側からすると、「この嘘つきが、いけしゃあしゃあと」ということになる。

一方、田上は犯行を否認し、検事の取り調べには完全黙秘した。県警の捜査員との雑談には応じ、「検事さん個人が嫌いなのではなく、これが私のスタイルですから」と語った。

トップ逮捕の効果

野村、田上を逮捕した効果はすぐに現れた。

梶原事件に対する前回（２００２年）の捜査では警察に協力しなかった関係者が取り調べに応じ、新たな供述を行ったのだ。実行犯の中村が犯行直前に親しい組員と話していた喫茶店の店長は、犯行後、田中組幹部から、中村が店に滞在した時間をずらすアリバイ工作を求められたと供述した。

前回の事件の公判廷で証言を拒否した組員は、中村が犯行前に、思いつめた様子で「おやじ（野村）のためなら命を捨てられる」と話していたと供述した。

いずれの供述も、野村逮捕で報復の不安がなくなったためとみられた。内偵段階で捜査に協力した元組員たちも供述内容を変えることはなく、捜査に協力する姿勢は変わらなかった。

主任検事の上野は、捜査で得た証拠で①被害者の梶原が三代目田中組組員らからの利権介入を拒絶していたこと、②田中組によると思われる脅迫電話などが事件前にあったこと、③犯行直前の野村と田上の言動、④犯行後の実行犯らの動向——から野村と田上の配下組員に対する指揮命令があったと認めることができ、有罪は十分立証できる、と判断した。

地検小倉支部は勾留満期の10月2日、野村と田上を、中村らの共犯として殺人と銃刀法違反の罪で起訴した。

野村逮捕から1年以上たってから、上田は別の事件で取り調べていた工藤會組員から、「よかったですね。（野村逮捕が）1カ月遅かったら、あなたは殺されていた」と告げられた。やはり上田に対する具体的な襲撃計画は存在したようだ。計画にかかわったとみられる組員はすでに収監されていた。県警は工藤會組員らと直接対峙《たいじ》する上田、上野たちを厳重に警護してきた。それでも、襲撃を敢行し成功させるのが工藤會だった。上田らは福岡地検から異動した先でも、最高度の保護対象となった。官舎には監視カメラが設置され、住民票の閲覧制限がかかった。


福岡県警は野村逮捕と同時に、3800人態勢の「工藤會関連事件特別捜査本部」を立ち上げた。当時総数約1万2000人の県警職員の3割以上が「頂上作戦」に動員された。野村、田上を逮捕してからが、工藤會対策の本番だった。市民が襲撃された未解決事件の山に取り掛からねばならなかった。

摘発第2弾は女性看護師襲撃事件だった。県警は地検小倉支部が野村、田上を起訴する前日の10月１日、看護師に対する組織的殺人未遂容疑で野村、田上を再逮捕。実行犯の組員ら計14人を逮捕した。

県警は、取調官に県警と県外の応援捜査員の中から精鋭を選んだ。検察側も９人の取調官態勢で臨み、検事は一人当たり２人の被疑者を受け持った。取り調べは、検察、警察が交互に行い、連携プレーで真相を語るよう説得した。

画像解析捜査の威力

野村、田上の逮捕で、工藤會田中組のヒットマングループの捜査への対応に変化が表れた。襲撃実行犯の組員たちが、検事や県警の取調官の説得に応じて重い口を開き始めたのである。

歯科医師襲撃の実行犯である田中組組員の秋田紘一を盗難バイクで送迎する役目を担《にな》った同組組員の富山純一は、まず歯科医師事件のバイク窃取《せっしゅ》を自白。その後、工藤會を脱退し、工藤會が雇った弁護士を解任。自らが関与した事件を次々に自白した。

富山に対する捜査では、防犯カメラの画像解析が威力を発揮した。

工藤會では、「フルフェイスのヘルメット、目出し帽をかぶっていれば、防犯カメラに映っていたとしても現行犯でない限り捕まらない」と幹部がヒットマンに吹き込んで、次々と事件を起こさせているとの情報があったが、尾上らはカメラの画像鑑定で実行犯らを特定することに成功した。

カメラ画像の人物と骨格や関節の長さが似ている組員を、身体検査令状をもとに画像と同じ格好をさせ、現場に連れ出して録画。専門家が両方の画像を分析し、同一人かどうか鑑定する方法だ。富山についてはこの手法で揺さぶった。

一方、歯科医師事件と元警部事件の襲撃の実行犯で、看護師事件では実行犯の田中組若頭補佐、大石薫をバイクで送迎する役目だった秋田も、看護師事件で逮捕され、取り調べを受ける中、工藤會に失望して犯行を自白した。

起訴後の余罪追及で歯科医師事件についてはいったん否認したが、富山の供述に基づき、再逮捕2日目で自白。秋田も工藤會からの脱退、工藤會系弁護士の解任を経て、起訴後の任意取り調べで、他の襲撃事件についても自白した。

尾上らは、工藤會の「鉄の結束」に縛られた末端組員の呪縛《じゅばく》を解くため、工藤會がつけた弁護士を解任させる作戦を取っていた。

「君らのためではない。トップに捜査が及ばないようにするための弁護活動でしかない」と取り調べで繰り返し、組員を説得。やがて組員は「上は自分たちのことは全く考えてくれていない。自分は捨て石だ」と思うようになった。

県警は、看護師事件の着手段階では、歯科医師事件、元警部事件の立件のめどは立っていなかったが、２人の供述で捜査は大きく前進した。

ガサ（捜索）現場の責任者には必ず、ＩＣレコーダーを携行させた。取り調べと違い、組員はガサ現場では不用意に手掛かりになるような話をすることがあるからだ。そして、捜索令状にはあえて野村、田上との共謀共同正犯をうたう犯罪事実を添付して執行した。警察はすでにトップの関与を把握していると思い込ませ、被疑者の動揺を誘うようにしたのだ。

ヒットマングループは、録音録画のもとで取り調べる地検小倉支部の検事に対しても、同じように自白した。

上野と上田の下で取り調べを担当していた検事は、２人ほど捜査経験は豊富でなかったが、看護師事件への関与を否認している組員に対し、

「一般の市民を傷つけて恥ずかしくないのか、そんなことのためにヤクザになったのか」

とくり返し質問した。すると、勾留初日には箸《はし》にも棒にもかからなかった組員が突然、ごめんなさい、と検事に謝った。謝った後で組員はハッと我に返り、俺は何を言

ったんだ、という風に首を振った。その様子を収めた録音録画記録が15年2月の検察長官会同（全国の高検や地検のトップが参加する会議）で上映されると、会場にどよめきが起きた。工藤會組員は絶対に口を割らない、当然、謝罪もしないという「伝説」が検察内に広く流布《るふ》していたからだ。

当時の検察首脳のひとりは筆者に対し、同会同の後、こう述べた。

「録音録画のもとでも割れた。あれは、通信傍受の威力。令状をとって幅広く聞いている。その中で、関係者が『仕掛かり品（未解決）』の事件についてもしゃべっている。あれ（録音録画記録）があれば、絶対有罪。自信を持って起訴できる」

小倉支部の上野、上田や県警の捜査員たちは、組員らを説得し、次々と供述を引き出した。それぞれ裏付け証拠を得て、歯科医師事件、元警部銃撃事件、標章掲示店舗ビル放火事件などで最高幹部らを次々に逮捕・起訴していった。

市民襲撃事件の摘発

２０１２年夏から秋にかけて「暴力団員立入禁止」の標章を掲示した飲食店経営者らが次々と襲撃された事件に対する捜査にも触れておこう。

北九州市のクラブＮの役員が２０１２年9月26日、何者かに刺され重傷を負った事件を機に、県警はクラブNに電話の逆探知機を設置したことは先に触れたが、それが威力を発揮した。2日後の28日にかかってきた脅迫電話は、北九州市八幡東区内の公衆電話からかけられたことがわかった。

電話機から採取した試料の成分を分析したところ、看護師事件、歯科医師事件などの実行犯グループのリーダーとして組織的殺人未遂罪などで起訴された工藤會田中組本部長、中西正雄のDNAが含まれていることが判明。さらに中西が周辺関係者を使って、9月7日に襲撃されたスナックMの女性経営者が店を閉めて帰宅したかどうか、数日にわたって確認させていたこともわかった。

県警は、中西が工藤會ナンバー3の理事長で田中組組長の菊地敬吾、田中組若頭の田口義高の指示の下で、配下の組員を使って襲撃や脅迫を敢行したとみて15年5月、脅迫容疑で中西を逮捕。中西は公衆電話から脅迫電話をかけたことは認めたとされるが、供述調書の作成には応じなかったという。

一方、看護師事件の実行犯の田中組若頭補佐の大石薫は、

「飲み屋の脅迫事件は、中西と自分など4人でやった。脅迫電話の内容は上からの指示があり、脅迫文言のメモとテレホンカードを渡されたので、その内容のとおり電話をかけた。電話をかけるとき、『手袋を着けて受話器や電話に証拠が残らないように

してくれ』と言われた」

などと自白したとされる。

県警は15年11月25日に菊地ら11人を、12年8月、標章掲示店が入居する飲食ビルに放火した現住建造物等放火容疑などで逮捕。福岡地検は、菊地ら8人を起訴した。さらに16年6月3日、クラブN役員に対する組織的殺人未遂容疑で、田口らを逮捕。18年4月13日には同容疑で菊地らも逮捕した。

17年6月2日、スナックM経営者とタクシー運転手に対する組織的殺人未遂容疑で菊地、田口らを逮捕。さらに同年11月9日、10年3月の小倉南区自治総連合会会長宅に発砲した殺人未遂容疑で瓜田太らを逮捕した。

また、17年1月19日、11年11月のA建設会長に対する殺人容疑で瓜田、田口らを逮捕した。

17年9月8日には、11年2月の清水建設従業員に対する殺人未遂容疑で瓜田、田口らを逮捕。

県警はその後も、続々と未解決事件の容疑者を逮捕している。いずれも、野村、田上ら工藤會トップの身柄を押さえたことで、被害者や襲撃を実行した組員らが口を開くようになり、摘発に必要な証拠がそろったものとみられる。

組員の動揺

　工藤會組員は動揺した。それまでは、工藤會組員の車を停め車内を検索しようとすると、「令状を持ってこい」と徹底拒否するのが常だったが、抵抗することなく応じ、発見された覚醒剤《かくせいざい》を「自分のものだ。最近使用した」と自白して覚醒剤取締法違反の現行犯で逮捕される組員も出て来た。

　２０１５年夏に作成された県警暴対部の捜査資料「工藤會壊滅への戦略とパワーバランスの変化への対応」には、内部統制が弱くなったことで、離脱に傾く組員の声が列挙されている。

「田中組を中心に飯を食えない組員が増加している。警察に敵対する気力はなく、事件を起こす気力もなくなっている。とにかく、自分が生き延びることで精一杯である」

「保護対象の措置とか、飛ぶための新しい家とか見てくれるんやろうか。仕事も探してくれるんやろうか。辞める時は、守ってください」

「総裁の個人的な事件で、工藤會の事件ではない。総裁の個人的事件で田中一門が十数人逮捕されたことは仕方がないこと、同情の余地は全くない、みんなそう思っている」

一方、逆風下でも、組織に留まる決意をする者もいた。

「今まで世話になった會がこんな情勢の時に辞めるのは義理もない最悪の人間だと感じるので、辞める気はない」

「ヤクザを辞めても仕事がない。県警が就職をあっせんしても、あまり良い仕事に就けないという噂だ」

「辞めたい気持ちはあるが、今の情勢で辞めたら卑怯者《ひきょうもの》扱いされて北九州に残れなくなる。警察が會を解散させてくれれば、心置きなく辞められる」

県警の聴取を受けた末端の組員の反応は二分されていた。

第6章　捜査の中枢《ちゅうすう》

「鉄壁」への挑戦

狙《ねら》い通り、工藤會トップの野村、田上を逮捕したとはいえ、一連の殺傷事件で野村、田上とヒットマングループの共謀を裏付ける直接証拠がまったくない中で、2人を起訴するに足る間接証拠の収集は簡単ではなかった。福岡県警と地検小倉支部は、

（1）襲撃を敢行した組織の実質的なトップが野村であり、ナンバー2の田上と野村は一心同体であったかどうか

（2）各襲撃事件を起こす動機が、野村本人あるいは田上にあったのかどうか

（3）工藤會（田中組）のヒットマングループが、強固な上意下達の組織原理に基づき、工藤會の活動としてトップの指揮・命令、あるいは承認を受けて行動した

といえるかどうか。逆にいうと、トップの指示、承認なしでは組織的な襲撃事
　件は行い得なかったといえるか
を事件ごとに証明しなければならなかった。

立証の根拠となるのは、工藤會から押収《おうしゅう》した内部文書や工藤會の現・元組員、周辺関係者、被害者の供述だが、中でも組員の供述は重要だった。

工藤會は、會の方針に従わず、組織の統制を乱す組員、つまり捜査に協力する組員らに対して厳罰を定め、殺害も辞さなかった。反面、ジギリなど組織のために功労があった組員には昇進や報奨金で報いた。

　県警と小倉支部は、徹底した信賞必罰と恐怖支配で結束を誇った工藤會の「鉄壁」を崩さねばならなかった。それは並大抵のことではなかった。

そして、供述を獲得する取り調べは、「適正手続き厳守」が絶対条件だった。

　２０１０年に発覚した大阪地検特捜部の村木無罪事件をめぐる不祥事の記憶がまだ生々しかった。工藤會事件の主任検事である上野正晴と捜査の主力となった上田敏晴は、不祥事発覚当時、それぞれ京都地検検事、法務省刑事局付検事だった。世論の指弾を受けた検察が立ち往生し、旧来の捜査モデルがガラガラと崩れ落ちるさまを目《ま》の当たりにした２人は、適正手続きをおろそかにする怖さを痛感したとみられる。

特に、村木事件の初期捜査で自ら取り調べた関係者の供述調書を裁判所から「任意性がない」と証拠不採用にされたことが報道され、結果として「左遷」人事につながったと検察部内で受けとめられていた上田の思いは一層深かったと思われる。

上野、上田は工藤會事件の捜査で、捜査側のストーリーに沿って供述調書を作るのではなく、客観的な証拠をもとに相手を説得し、納得ずくで、体験した事実を語らせる、という刑事手続きの原則に忠実な捜査を実践した。

検事は、警察の捜査をチェックし、適正手続き遵守《じゅんしゅ》を指導する立場でもある。２人は刑務所や警察署で、元組員らに対する自らの取り調べの一部始終を県警の捜査員に見せた。それが捜査員らのお手本となり、県警の工藤會捜査は、より適正手続きに沿ったものとなったとみられる。

野村、田上やヒットマンの組員の公判で、弁護側は、検察側が証拠申請した関係者の供述調書が事実に反するとして、任意性や信用性を争った。任意性とは、脅しすかし、利益誘導など違法な方法で作成されたかどうかを指す。信用性は、文字通り、供述内容そのものが合理的で信用できるものかどうか、をいう。

結局、裁判所は、検察側の供述証拠の大半について、任意性、信用性に問題はない、として証拠採用し、有罪の根拠とした。それは、工藤會事件における検察や警察の捜査が概《おおむ》ね、適正だったと裁判所が認めたことを示している。

「メッセンジャー」の転向

梶原・上野ファミリーの太郎と並ぶもう一人のキーマンが、北九州市漁協脇之浦地区理事の良樹だった。梶原國弘、上野忠義の兄弟の息子で、太郎の従弟《いとこ》に当たるが、県警は「工藤會親交者」と認定していた。

工藤會会長の田上と中元や歳暮のやり取りをし、田上から梶原・上野ファミリーへの利権交際要求のメッセンジャーを務めてきた。ファミリーからは「工藤會側の人間」として警戒されていた。

北九州市漁協では2013年12月20日に組合長の上野忠義が殺害された後、組合長は空席になっていた。同漁協で発言力を持つ脇之浦地区代表理事の太郎が漁協組合長に就く話があり、良樹はその後任の代表理事ポストへの就任を望んだ。田上は、良樹の代表理事就任を応援し、良樹は代表理事選挙に立候補したが、太郎を含む理事の一部は反対していた。

良樹をマークしていた県警は、14年5月12日、中学生に丸刈りを強いた強要の容疑で良樹を逮捕。さらに健康保険証を不正に取得して使用したとする詐欺《さぎ》容疑で2度にわたって再逮捕した。結局、良樹は落選し、脇之浦地区代表理事には太郎が再選された。

良樹の取り調べを担当した県警の捜査員は、工藤會との縁を切り、野村、田上ら工藤會幹部を摘発するための捜査に協力してほしいと地道に良樹を説得した。逡巡《しゅんじゅん》する良樹が工藤會と決別し、捜査協力の意思を固めたきっかけは、勾留《こうりゅう》中の5月26日に「身内」である歯科医師が何者かに襲われ重傷を負った事件だった。良樹は、歯科医師襲撃を工藤會の仕業と受け止め、それはさすがにやりすぎだ、と考えたとみられる。

県警の捜査資料や公判記録によると、良樹は以下のように供述した。

〈14年2月中旬、北九州市内のレストランで田上と会った際、田上から次のように依頼された。

「太郎は工藤會のことをどう思っとるんか。太郎に言うとけ、忠義があんなんなっとるのにまだ分からんか。伝えて分からんときは仕方がない、どういう意味か分かるやろう。これは俺の考えでなく會としての方針やから頼んだぞ」〉

一方、太郎は県警に対し同月26日、良樹から以下のように告げられたと供述した。

〈忠義叔父さんの射殺事件は、兄《あん》ちゃん（太郎）と二郎（忠義の親族）に対する見せしめ。次は間違いなく兄ちゃんもやられる。今の執行部は若い者が多く、何をしでかすか分からない〉

太郎は良樹の伝言を携帯電話のメモに記録した。それはこうなっている。

〈今小倉のしゅこうぶ（執行部）、若いのでなんでもします。あんちゃん（略）に、同じようになってもらいたくないので、頼みます。自分は、あんちゃんが、生きていてほしいし、あんちゃんがいないと、自分も大きくなれないと思っています（略）これはみせしめです〉

良樹は、太郎への伝言では田上の名は出していないが、良樹の供述は、

「工藤會が利権交際を拒絶した見せしめに上野忠義を殺害した。交際に応じなければ、さらに梶原、上野ファミリーを襲撃する、と田上が宣言した」

とも受け取れる内容だ。

良樹は、さらに14年3月、田上に呼び出され、念を押された、と供述する。

〈「（田上は）俺らも今後は腰据えとるけのう。分かるか分からんかはあいつ次第。せっかく警告しとるのに、お前に言うてこんのはなめとるんか、それとも、分かっとら

んのやろうかのう。太郎はなめとるんか、馬鹿《ばか》なんかのう、と最後はかなり不機嫌そうであった」〉

太郎は、半年後の14年9月4日、良樹から以下のような話を聞いたと供述した。

〈「田上が指示させてやりよる、と聞いた。菊地は何をするか分からない。菊地は3％から5％を上納させようとしている。叔父さんの件は菊地がやらせたと聞いている。田上は配下の菊地と瓜田を競わせており、若松（の町）を制した者を六代目にすると言っている」〉

太郎の携帯メモには以下の記録があった。

〈「私が、菊地というのは、大体なにをしたいのかと言うと、若松押さえるのに、あんちゃんを押さえて、3％から5％取って上納させろうと思っている。私が、菊地の独断でしてるのかと聞くと田上さんがさせているだろうといい」（9月4日付）

「本当に（略）にも手を出しますよ。（略）おじさん殺したのは、週刊誌に出た、けじめですよ。（略）おじさんの件は、菊地がやらせた筈《はず》ですよ。懲役行くものの面倒見るなら、全部歌い（白状し）ますよ、今度警察の部長変わったでしょ。今が、くどかい潰《つぶ》すチャンスです。あんちゃんが、腹決めるなら、自分の役割します（略）」（9月6日付）〉

そして、歯科医師事件関与について、田上から「自白」を引き出したとする良樹の供述。

良樹は14年5月12日に逮捕され、7月18日に保釈された。身柄拘束中に起きた歯科医師事件の事情を確認するため、約1週間後、北九州市内の理容店の駐車場に停めた車の中で田上と面談した。

良樹はそこで以下のようなやりとりがあったと供述した。

〈「自分が若松署におったときに太郎のところの親族（続柄）、やったですよね」〉

良樹が、ストレートに質問をぶつけると、田上は、

〈「太郎が分からんのやけ、おまえ、やるしかねえやろ親族（同）を」〉

と答えたうえ、

〈「太郎は自分の親族（同）があんなんされて、どんな感じやったか。太郎と会うたか。太郎は分かっとるふうか」〉

などと逆に質問した。良樹が「太郎と会っていない」と言ったところ、

〈「太郎もあんなんなっとるし。警察ちゅうのはばかやから、守ってもくれんのぞ。おまえ、分かるやろうが。太郎に会うたら言うとけや」〉

供述どおりなら、なんとも生々しいやりとりだ。田上は、田中組のヒットマングループを指揮する権能を持つ工藤會会長。「やるしかねえやろ」発言は、田上自身が襲撃に強く関与したことを示唆《しさ》するものだ。

先の「俺の考えでなく會としての方針」発言と併せると、田上の上位の野村の関与もうかがわせる。捜査側にとっては、歯科医師事件の決定的な証拠となった。

さらに、歯科医師事件と梶原事件は襲撃動機が同じとみられた。梶原・上野ファミリーに利権交際要求を断られた腹いせ・見せしめである。歯科医師事件に対する田上の「関与」は、梶原事件でも野村と田上が配下を使って襲撃させたとの検察の主張により説得力をもたらした。その面でも、捜査側にはとっては重要な証拠であった。

ただ、良樹が田上のメッセンジャー役として太郎に利権交際要求を伝えてきたとの供述を始めたのは15年1月末である。野村と田上が梶原射殺事件で14年9月に逮捕、起訴され、看護師事件で野村らとともにヒットマングループが一網打尽になった後のことだ。

田上が事実上、犯行関与を「自白」するのを聞いたとする良樹の供述調書は15年3月下旬に作成された。県警が摘発したこの2事件に加え、歯科医師事件や元警部事件の立件に向けて活発に捜査を続けていたころだ。

そのため野村、田上の弁護側は、良樹供述の経緯が「不自然」で、「警察の利益誘導があった」と公判で主張した。しかし裁判所は、良樹供述の任意性、信用性を認め、ほぼ全面的に証拠採用した。

工藤會の内部事情に通じ、その怖さを熟知する良樹は、4つの事件で野村、田上が起訴されれば有罪無罪にかかわらず、裁判は最高裁まで続き、2人が生きて「シャバ」に戻る可能性は小さいと受け止め、それなら報復を受ける危険性は小さく、もう警察に話をしても大丈夫、と判断し、田上の「関与」について話し始めたとの見方もできる。


ちなみに、歯科医師事件などで有力な捜査協力者となった良樹は20年1月、会社役員の頭を拳《こぶし》で殴って3週間のけがをさせ、計2億5000万円の借用書を書かせたとして恐喝未遂の疑いで建設業者とともに小倉南署に逮捕された。

小倉支部は、恐喝未遂については2人を不起訴処分とし、良樹を傷害の罪で起訴。建設業者は傷害罪で略式請求し、罰金刑で終結した。

恐喝未遂が不起訴になった理由は明らかでないが、傷害については、良樹に前科があるため公判請求になったとみられる。21年暮れ、県警暴対部長だった國本正春は「事件化に当たっては、たとえ検察側証人であっても逮捕の必要性を判断し、法と証拠に基づき適切に処理している。手心を加えることは絶対にない」とコメントした。

10人の供述

事件捜査はラグビーの試合に例えられる。

フォワードが肉弾戦で相手からボールを奪い取ってバックスに回す。バックスは相手のタックルをかわしながら、フォワードからもらったボールをゴールラインまで運びトライする。ラグビーにおいてフォワードは、泥臭いがもっとも重要な仕事を担《にな》う。

工藤會事件の捜査でのフォワードは、間違いなく、加害者側の工藤會関係者を取り調べ、供述を引き出した県警の警部補や巡査部長たちだった。

その供述をブラッシュアップしてより固いものにし、トライ（起訴）に持ち込むバックス役を地検小倉支部検事の上野正晴や上田敏晴たちが担った。上野たちは、時には、密集でのジャッカルで相手からボールを奪い、フォワードとともにスクラムトライを狙うこともあった。

工藤會トップがかかわると見立てた組織犯罪立証の要点は、直接、間接に事件に関係した組員からいかに適正手続きで真相に迫る供述を得られるか——。それに尽きると言ってよかった。

「結局、10人ぐらいの現役組員や辞めた組員、それに被害者遺族の核心を衝《つ》く供述が、有罪立証の決め手になった。彼らがしゃべってくれたおかげで事件がめくれ（明らかになり）、次々と事件を起訴できた」と上田はいう。

太郎や良樹もこの「10人のキーマン」の中に入るが、残りの多くは看護師事件で逮捕された組員だった。逮捕当時、県警では、梶原事件、看護師事件に続く3弾目の事件のめどは立っていなかった。彼らの供述がなければ、歯科医師事件、元警部事件の立件は困難だったのだ。

加害者側の工藤會組員の重要供述をどうやって得たのか。被害者側の証人の説得も一筋縄ではいかないことは、太郎、良樹の供述を得る過程をみれば、明らかだが、組員から供述を得るのは、それ以上に骨の折れる仕事だった。

ヒットマンの組員らは、しゃべれば組織的殺人未遂の実行犯、あるいは共犯として重罪に処せられ、長期の服役が待っている。誰だって、それは免れたい。免れるためには、手段は選ばない。見栄《みえ》も外聞もない。取調官が工藤會幹部から恫喝《どうかつ》を受けることも少なくなかった。

「家どこだ。家族、皆殺しにするぞ。お前の家族、知っているぞ」

「暴力団員立入禁止」の標章（2019年）

県警の捜査員や小倉支部の検事は、こう脅された。実際、捜査員の自宅近くの公園にこれみよがしに組員が現れたりしていた。検事は2年で転勤するからまだしも、警察官は、県外に異動したり、家族ともどもの転居は簡単にできない。自分が襲われるのはある程度、覚悟のうえだが、家族に銃や刃物を向けられるのは耐えられない。音を上げて、工藤會捜査からの担当替えを希望した警察官もいた。

一方、工藤會は、逮捕された組員が「落ちる」（自白する）のを防ぐため、あの手この手で勾留中の組員に「しゃべるな」と伝える作戦をとったと、尾上はいう。

県警は、工藤會が雇った弁護士が接見で組員らにそう示唆している疑いがあるとみていた。もちろん、否認するのも、黙秘するのも被疑者の権利であり、組員から依頼を受けた弁護士がそうアドバイスしても何の問題もない。ただ、その弁護士が組員本人でなく、工藤會やトップの野村らの利益のため、組員の口封じをするような場合は別だ。非違行為として弁護士会から懲戒を受ける可能性もある。

組員と、野村や工藤會は利益相反の関係にある。襲撃を自分の意思で行った場合と上層部の命令で行った場合とでは、罪の重さが違ってくる。組員としては、上層部の指示と供述した方が、罪が軽くなるのだ。

県警は取り調べを通じ、逮捕した組員に対し、工藤會がつけた弁護士を解任し、別の弁護士を選任するよう説得した。

工藤會は別の手段でも口止めを図った。

共謀共同正犯容疑で逮捕した工藤會組員には接見禁止命令が出たが、原則として書籍の差し入れには制限がなく、工藤會組員にしかわからない隠語や符丁を書き込んだ本が差し入れられることもあった。

あるとき、差し入れの本を読んだ組員の取り調べ態度がおかしくなった。本を調べると、裏切者が殺される場面があった。「しゃべると、お前も同じ目に遭うぞ」と本のストーリーを利用してメッセージを送っていたと県警は判断した。

「それで書籍の差し入れ禁止の接見禁止処分を裁判所に申請したら、却下になった。留置場の担当官が検閲すればチェックできるでしょ、と。一日、何冊の差し入れがあると思っているのか。内容を全部読まないとわからないんですよ、と準抗告し、検察に頑張ってもらって全国で初めて認められた」(尾上)

工藤會組員が「落ちた」理由

多数がかかわる組織犯罪の真相を解明し、関係者に適切な処罰を科すには、犯行にかかわった組員が深く悔悟し、自らの行為をありのまま供述し、法廷でもそれにそって証言することが欠かせなかった。県警の捜査員や検事はどうやってそれを成し遂げたか。

以下に紹介するのは、小倉支部検事、福岡地検検事として工藤會事件に関係した組員の大半を取り調べた上田敏晴の証言(21年8月、上田は当時、高知地検次席検事)である。

「工藤會のヒットマンや周辺の組員には、一人一人に専従の刑事がつき、何カ月も、時には何年も説得を重ねた。別の事件で捕まえて刑務所に入った場合、刑務所に通って説得することもあった。そうして人間関係を構築して自白を得た。私たち検事は

『警察官に供述したことは本当ですか』と確認して供述調書をつくる。その供述の裏付けをまた刑事がとる。そういうふうにして、すべての事件ができている。

見立てに合わせて小手先の調書を無理やりとるようなことをしたら、この事件は裁判で負ける、真摯《しんし》に取り調べをして王道を進みましょうと、現場の刑事たちと腹を合わせた。供述の捏造《ねつぞう》など何もない。だから公判で、警察に無理やり調書をとられた、などと揉《も》めることがなかった」

歯科医師事件、元警部事件で実行犯をバイクなどで送迎する役目を担った富山純一も「10人のキーマン」の一人だった。県警による防犯カメラの画像鑑定が自白へと背中を押した面はあるが、富山はすでに、それまでの自分の行動を後悔していた。「組織の上層部から、やりたくないことをやらされた。また、やらされる、という思いがあった。富山を担当した取調官は、その機微を見抜き、工藤會の呪縛《じゅばく》を解いた。

富山は、ものすごく逡巡しながら、犯行にかかわったことを認めた。運転手役とはいえ、深く後悔していた。捕まったのを機に、いよいよしゃべらなければならないと覚悟してしゃべった。だから、公判での証言は一切、ぶれなかった。

暴力団組員の襲撃事件の刑罰は懲役20年、30年。ことによれば、無期か死刑。損得勘定でしゃべらせるのは絶対無理。彼らは捜査機関を敵だと思っている。改心させ、涙を流させて初めて事実を語る。それは、自分も体験している」

取調官が「親分」になる

捜査機関を敵だと思っている工藤會組員と、取調官はどのようにしてコミュニケーションをとり、心を開かせていったのか。

「ヤクザは、アニメの『ドラえもん』の登場キャラでいうと、ガキ大将の『ジャイアン』タイプはほとんどいない。コバンザメの『スネ夫』か、いじめられっ子の『のび太』。スネ夫ものび太も、威張られても、いじめられても反抗できないからジャイアンについていく。

組員は、ヤクザをやめるとき、次の親分を求める。そのときに取り調べの警察官や検事がうまくはまれば、心を開く。つまり、取調官が新たな親分になる。『一生、お前の面倒見るから、俺を信用しろ』『わかりました』と」

上田自身、そういう関係になった組員が何人かいる。上田の取り調べは、自らの境遇、体験を相手に伝え、共感のベースを共有して説得するスタイルだ。それが、組員らの琴線に触れ、心を揺さぶった面もあったとみられる。

「取り調べ相手のシンパシーを得られて、初めて自白は得られる。ヤクザになる人間は、幼少期に貧しかったり、差別されたりした経験を持つものが少なくない。僕自身、同じような境遇で、貧しい中で生きてきた。組員の取り調べでは、そういう自らの生い立ちや心情を全部、吐露した。

俺とお前は同じ人間だ。なんでお前がヤクザで、俺が検事になったかわかるか。お前はくずだ。俺には絶対かなわない、とぼろくそに言う。なにくそ、といってくる者もいるが、大喧嘩《おおげんか》して、最後は上田にはかなわない、と。心を開き、涙を流して『上田検事に従います』となった。

一緒に取り調べをした警察官や、取り調べ相手のヤクザは、僕の生い立ちを知っている。そういう自分の経歴を武器にしてきた。それは警察官も同じ。ひとりひとり、いろんな体験や思いがある。取り調べの大半は、雑談。どのように生きてきたのか。どこでお前は間違ったのか。そういう話をする中で、こちらのことも話す。だから話ができる。そういう説得をして自白を得た。もちろん、調書には自白した結果しか書かないが」

上田には、自白した組員たちへの「責任」があるという。

「取調官のその言葉が、その場しのぎの軽口だとわかると、組員は裏切られた、はしごを外されたと怒り、心がずたずたになる。だから裏切ってはいけない。担当した警察官はずっと面倒を見ないと、組員らは生きていけない。代わりの親分になった以上、責任を持たないといけない。

警察官は、全国異動がない。退職後も、生涯にわたって地元でずっと彼らと付き合う。取調官の言葉が嘘《うそ》になると、彼らは寝返る。私も取調官として、自白してくれた組員らに責任がある。いずれ、北九州市に戻り、彼らとの約束を果たしたい」

協力者保護プログラム

捜査当局が、工藤會事件の被害者や実行犯らから捜査協力を得るための、もうひとつのキーワードが「報復阻止」だった。

被害者や実行犯の組員は心底、工藤會を恐れていた。捜査に協力した多くの人たちが報復を受けるのでは、と心配していたのだ。彼らに指一本触れさせないことが県警には求められていた。上田の証言を続ける。

「２０１４年９月に野村らを捕まえたとき、絶対に報復が起きると思っていた。当時のマスコミの市民インタビューを読むと、喜んでいる人はいない。また、ドンパチが起きるね、今度はどこが犠牲になるのか、とそればかり。市民は、本当にそう思っていた。僕らも思っていた。

歴史があって、工藤連合草野一家総長の溝下秀男を暴力行為で捕まえたら、翌日に発砲事件が起きた。警察署の目の前の飲み屋や、警察官の立ち寄る先。逮捕の腹いせだった。溝下が出所すると、また（存在感を誇示するように）発砲。

同じように、野村を捕まえたことで少なくとも発砲、あるいは、誰かが襲われるのではと不安だった。それを、福岡県警は抑え込んだ。それは、たまたまではない。ものすごい労力をかけてヒットマンたちを監視し、襲撃の芽をつんだのだ」

工藤會の14年12月当時の構成員約520人の中で、捜査当局がヒットマン候補と見ていたのは約100人。工藤會に狙われるおそれのある保護対象者すべてに警察官を張り付けるのは不可能だ。ならばヒットマン候補100人を、監視カメラなどで監視し、職務質問をかけて事件を起こさせないようにする、というのが県警の作戦だった。

複数態勢で24時間監視し、常に組員にプレッシャーをかける。何らかの目的で自宅を離れ、どこかに潜伏した組員がいれば居場所を探しだして、偽名でマンションを借りた詐欺容疑で逮捕するなど、あらゆる手法で組員の動きを縛った。その態勢を半年間持続した。それが功を奏し、「頂上作戦」着手以降、襲撃事件は起きていない。

「ここだけは何回褒めても褒めたりない。15年3月、他県警の応援は解除されたが、県警保護対策室が、保護対象者を厳重に警護し、報復を起こさせなかった。警察が本気で取り組んだら、工藤會は何もできなかった、工藤會はつぶれるんじゃないか、と市民は思い始めた。(工藤會への) お金 (みかじめ料) を払わなくても襲われない。だったら、俺も払わない。そして、実はこんなことがあった、と (県警に) 話し始めた。過去には、警察がもっとしっかりしていればという思いもあるが、『頂上作戦』以降はうまくいっている。市民が何より安心する体制、社会になった」

とはいえ、油断は禁物。県警によると、工藤會の中には、報復を企てる可能性がある幹部が何人か残っており、彼らの1人が、捜査に協力した元組員に対して襲撃の指示を出したという情報もあった。

県警の勧めで名前を変えた保護対象者もいた。

「今はネット社会。住所や勤務先を変えても、実名なら、探し出す手掛かりはいっぱいある。協力者を守るには、名前を変えるしかない場合がある。僕も、個人ベースで、彼らの改名手続きを手伝ったことがある。それによって、信頼関係は一層深まった」(上田)

工藤會事件の捜査、公判の現場を検察で取り仕切った上田自身、県警の重要保護対象になっていることは前にも触れた。

第7章　検事の覚悟

アグレッシブな指揮官配置

「頂上作戦」で「頭」（野村、田上）を切り離し、市民殺傷4事件にかかわった田中組のヒットマングループの身柄を押さえても、それだけで工藤會の危険が去るわけではなかった。多数の組員が残っていたからだ。のたうち回る危険な「蛇」（工藤會）の胴体の始末をつけなければならなかった。

「頭」はもう復活することがないと得心して、初めて工藤會組員らの呪縛《じゅばく》は解ける。それには、野村、田上に対する裁判で極刑、少なくとも無期判決を獲得し、「生きてシャバに戻ることがない状態にすること」（警察幹部）が必要だった。

逆に、起訴した事件のうちひとつでも無罪判決が出ると、工藤會は勢いを取り戻し、捜査側は、「無謀な捜査をした」と批判を受けて立ち直れないほどのダメージを受ける恐れがあった。検察と警察は絶対に有罪を取ることを求められていた。

同時に、捜査に協力した市民、組関係者に対する報復を許さないこと。それには、起訴した梶原事件などの公判準備を万全にするとともに、未解決事件に関与したヒットマンたちを繰り返し摘発することが求められた。

ある意味、野村、田上を逮捕する以上に困難な大事業だった。

失敗は許されなかった。警察庁や最高検は、もう一段のブースターを噴かせるため、前線本部の指揮官の態勢を一新する。

岡山地検検事正だった土持敏裕が飯倉立也の後任として福岡地検検事正に送り込まれたのは、「頂上作戦」第1弾の梶原事件、第2弾の看護師事件で野村、田上らを起訴した直後の2014年11月である。

土持は11年12月から13年4月まで福岡高検次席検事を務めていた。出勤途中の元県警警部が銃撃されたり、「暴力団員立入禁止」の標章を掲げたスナックやクラブの経営者が襲撃され、店が入るビルが放火されたりした時期だ。

いずれの事件も工藤會の仕業と見立てたが、犯人は杳《よう》として捕まらず、やりたい放題やられたという苦い記憶があった。当時は県警暴対部長の猪原誠司を食事に誘い、励ますぐらいしかできなかった。今回は、格段に捜査態勢は強力になり、情報も豊富だった。リベンジのチャンスだった。

「こういうのをやりたくて検事になった。（自分のキャリアが）ここで終わっても構わない。暴力団を野放しにしてしまうかどうかの分かれ目だ」

土持は15年2月、筆者にそう語った。

検事正に就任したてのころ、官舎の窓を開けると、バイクが走り去った。「（お前のこと）知ってるぞ、見ているぞ」という威嚇《いかく》だった。前にも触れたが、工藤會事件の主任検事の上野正晴のものと同型のバイクが検察官舎の駐車場で焼かれる事件もあった。それも、工藤會の捜査陣に対する牽制《けんせい》とみられていた。

土持は1983年4月検事任官。同期には、2020年7月から検事総長を務めた林眞琴、検事総長を目前にしながら賭《か》けマージャン発覚で20年5月に東京高検検事長で辞職した黒川弘務らがいる。1989年のリクルート事件の捜査では「ブツ読み（証拠の検討）」で公明党衆院議員の池田克也《かつや》摘発につながる政界ルートの一端を切り開き、検察部内で評価された。

大蔵省（現・財務省）へ出向して証券局流通市場課課長補佐、証券取引等監視委員会総務検査課課長補佐を経て93年7月、東京地検特捜部に配属され、ゼネコン汚職事件などの捜査を担当。96年4月、司法研修所教官になった。前途洋々と見えた土持の検事人生が躓《つまず》くのは、特捜部が98年に摘発した大蔵官僚に対する金融業界の接待汚職だった。

大蔵省のキャリア官僚やベテランの金融検査官らが金融機関から過剰な接待を受け、収賄《しゅうわい》の罪に問われた。土持は大蔵省に出向していたとき、そのキャリア官僚らの接待の何回かに同席していたのだ。立件はされなかったが、土持は厳重注意処分を受け、1カ月分の給与の20パーセントを自主返納した。

罰点がつき、エリートコースから滑り落ちた土持は開き直り、検事を志した原点に回帰する。暴力団や薬物密売組織など反社会的勢力との戦いである。もともと、第一線の警察官の仕事ぶりに共感し、現場にこそ真実があると考えていた。

2002年4月、東京地検刑事部薬物係主任検事として、警視庁とともにおとり捜査で渋谷センター街のイラン人薬物密売グループを覚醒剤《かくせいざい》取締法違反（営利目的譲渡容疑で逮捕した。従来、検察、警察は、国が個人をだますようなことはすべきでないとの国民感情などに配慮しておとり捜査に慎重姿勢だったが、密売の手口が巧妙になり、摘発が困難になっていた。警視庁薬物対策課係長だった山川治は後に、「あのとき、おとり捜査ができたのは、土持さんの尽力のおかげだ。『警察官よりたくさん給料もらっている分、苦労しないと』が土持さんの口癖だった」と語った。

最高検は15年1月、福岡高検検事長に横浜地検検事正だった松井巖を起用した。松井は1980年検事任官。87年4月から3年間、東京地裁判事補。その後、東京地検の特別公判部長や刑事部長、大阪高検次席検事、最高検刑事部長を歴任した、検察でも有数の刑事裁判のプロだった。

95年から2年間、司法研修所教官。そこで土持と1年間机を並べ、以来、2人は肝胆相照らす友人となった。ともに警察に親近感を持ち、暴力団の摘発に積極的だったが、捜査スタンスは正反対だった。

土持が、「現場の警察官がここまでやっているんだから、受けてやろうよ」と大らかだったのに対し、松井は、「裁判で負けたら、却《かえ》って暴力団をのさばらせる」と手綱を締め、県警の捜査を「裁判官の目」で厳しくチェックした。「石橋を叩《たた》いて渡る」ということわざがあるが、松井のモットーは「叩いて叩いて壊れないのが石橋」だった。

福岡高検公安部長の宇川春彦も土持と縁があった。土持が静岡地検の司法修習生担当だった88年に同地検で修習。土持の人柄にほれ込んで検事になった。米コロンビア大に留学中に米国の司法取引制度を研究。97年にそのレポートが法律専門誌に長期連載されると、日本の刑法学者らのバイブルになった。工藤會摘発では、事件の組み立てや的確な法律解釈で2人を支えた。

一方、警察庁は、松井の検事長就任と同時に、福岡県警本部長に警察庁首席監察官の吉田尚正（警視総監などを経て2024年2月から皇嗣職大夫）を起用した。警察庁警備局警備企画課長や警視庁刑事部長を歴任した実力派のエリートキャリアだった。

宮崎県警本部長だった2006年には同県発注の事業をめぐる官製談合事件で知事を逮捕した。このとき、適用した罪のひとつが、公務員が特定の職務行為を行うよう請託を受け第三者への賄賂《わいろ》を供与させたときに成立する第三者供賄罪。立証が難しいこともあり、特捜検察でも従来、あまり使われてこなかった。吉田は温厚な人柄で、警察部内だけでなく、検察にも広い人脈があった。警察庁は、吉田の捜査指揮能力を高く評価するとともに、吉田の人間関係づくりのうまさにも期待していた。

工藤會への「頂上作戦」はまだまだ続く。警察と検察の間で、捜査方針や証拠の評価をめぐり「組織間の疑心暗鬼」が生まれたりすると、事件摘発の流れが滞る。工藤會対策を長期にわたりスムーズに進めるためには、福岡の検察幹部、なかでも高検検事長や検事正とうまくコミュニケーションをとることが必要だった。

吉田は21年2月、筆者の取材にこう振り返った。

「本部長は、自分で捜査をするわけではない。実際に捜査する現場の捜査員は、上（検察、警察の上層部）の意思疎通《そつう》があるのか、に敏感だ。だから、いかに検察上層部との間でざっくばらんな関係を作るかに気を配った」

福岡県警本部長への就任が決まると、吉田のもとには広島県警や静岡県警など土持が赴任してきた土地の警察幹部から次々と「土持さんが検事正でよかったですね」と連絡があった。土持は、全国のベテラン刑事たちの間では、警察に理解のある検事として名前がとどろいていた。

土持・松井と吉田は、すぐ意気投合した。フットワークが軽い土持は、講演などで頻繁に県警本部を訪れ、その都度、本部長室脇《わき》の会議室で吉田と工藤會捜査などについて語り合った。夜の飲み会にも誘った。「ずっと昔から捜査の仲間だったような感じだった」と吉田は振り返る。

土持は、現場の北暴課長の尾上や、同課次席だった國本にも「自分がいる間に（工藤會の徹底摘発を）やりましょう」「僕がついているから大丈夫だ」と気さくに声をかけた。

工藤會事件の摘発は、検察と警察がビビッドな情報を共有し、同じ捜査方針で臨むことが何より大事だった。最前線基地の地検小倉支部と県警北暴課の間では折に触れ、綿密な協議を行っていた。

松井はそれとは別に、福岡高検の会議室で何度か、検察、警察合同の捜査会議を開催した。

出席者は検察側が検事長、検事正、高検公安部長、小倉支部の検事ら。県警は、本部長、暴対部長、北暴課長だけでなく、主任クラスの捜査官も出席。情報を出し合い、捜査方針を話し合った。

「最初は緊張してぎごちなさもあった。少しずつ、具体的事件を説明し、やり取りが始まると、白熱した議論の応酬となった」（吉田）

「おそらく全国で初めてのケース。警察の現場は、こいつが犯人に間違いないという。こちらは、私も土持も一介の検事として、だめだ、公判維持できない、この事件はこういう証拠があったらできる、などと意見をいう。すると、警察の現場はやる気が起きるし、検察、警察の間で意思の齟齬《そご》も起きない」（松井）

警察は、小倉支部の上野、上田ら現場の検事とは突っ込んだ議論をし、彼らを信頼していたが、「雲の上の存在」である検事長や検事正の言葉は、一層、重みをもった。会議に出席した特捜班長らは部下にそれを伝えて鼓舞。捜査員は、工藤會組員らを熱心に説得し供述を引き出した。新たな証拠が集まって起訴できるようになると、さらに警察はやる気になった。

もうひとつの再捜査事件

判決が確定した事件を掘り起こして野村、田上の起訴につなげた北暴課長の尾上は、もう1件の判決確定事件の掘り起こしを進めていた。

２００８年9月、福岡県中間市で起きた四代目工藤會二代目津川組相談役、安高毅《あたかたけし》射殺事件である。ターゲットは、野村、田上逮捕後、工藤會内で存在感が大きくなっていた工藤會理事長代行・津川組組長の木村博だった。

安高事件では、木村と安高による二代目津川組の跡目争いや金銭のトラブルが犯行の背景にあったとみられた。県警は、木村や配下の組員5人を逮捕したが、木村ら3人は処分保留で釈放となり、起訴された2人も、11年2月の一審判決は無罪。12年9月の控訴審判決では1人だけ逆転で無期懲役となり、服役したが、残る1人は無罪が確定していた。

木村は工藤會のスポークスマンとしてマスコミに露出し、

「無理に市民と暴力団を対峙《たいじ》させる警察のやり方は問題があるのでは」

「我々がいるから、不良外国人や半グレと言われる不良集団を根付かせない面もある」（12年10月23日の朝日新聞朝刊記事）

と語るなど、県警にとっては目障《めざわ》りな存在だった。

「女の人を傷つけたりするわけない、と平然としゃべっていた。だから木村を含め、徹底的に工藤會組員らを検挙して、潰《つぶ》さなければならないと強く思っていた」（元県警暴対部長の國本正春）

安高事件の実行犯の1人と見立てながら無罪となった組員が、別件の窃盗《せっとう》の罪で服役していた。県警の捜査員はひそかに刑務所に通い、組員から、木村らの関与をうかがわせる供述を引き出した。

この事件の着手をめぐり、松井と土持はぶつかった。

15年2月14日、京都で開かれた司法研修所教官OBの懇親会に2人そろって出席し、東京での会議のため京都駅に向かって鴨川《かもがわ》べりを歩いているときだった。

「警察の証拠でいける。やりたい」

という土持に対し、松井は、

「土もっちゃん、友達でもそれは違う。やりたければ俺を倒していけ」

と諭した。上司である検事長の自分を十分、納得させる捜査をしてから着手しろ、という意味だった。通常、検事長が自ら詳細に事件記録を読むことはあまりないが、工藤會事件については、松井は記録をしっかり読み込んでいた。

県警は必死で証拠収集に取り組み、組員から、仲間をかばうため嘘《うそ》の供述をしていたとの新たな供述を引き出し、そのとおりの裏付けが得られた。県警は15年4月23日、木村ら4人を殺人などの容疑で逮捕。木村を含む3人が起訴された。木村は無期懲役が確定し服役した。

裁判員恫喝《どうかつ》事件

土持は時代の空気や要請に敏感な検事だった。

2016年5月、工藤會系組幹部が殺人未遂罪に問われた福岡地裁小倉支部の裁判員裁判を傍聴した元工藤會系組員ら2人が、帰宅途中の裁判員の市民2人に対し、

「顔は覚えとるけんね」

「よろしくね」

などと声をかけ、裁判員6人のうち声をかけられた2人を含む4人と、補充裁判員

2人のうち1人が辞任。予定していた判決期日が取り消される騒ぎが起きた。

土持は「裁判員制度に対する挑戦だ。絶対許せない。これはなんとしても事件化する」と怒った。松井も同じだった。裁判員法は、裁判員に対する請託や威迫を行った場合、2年以下の懲役または20万円以下の罰金を科すと規定している。捜査をスムーズに進めるには裁判所の告発と書記官らの協力が必要だったが、当の裁判所は及び腰だった。

土持は、裁判所側に、

「こんなことが続けば裁判員制度はもたない。裁判所が告発しないなら、我々が独自で立件せざるを得ない」

と強く説得。暗に、「裁判所は捜査に協力的でない」と公表せざるを得ないという検察内の雰囲気を伝えた。

裁判所側は震えあがり、裁判員法違反（請託、威迫）容疑で福岡県警に告発。元組員ら2人は逮捕された。同法違反容疑での逮捕は全国で初めてだった。2人は一審で有罪が確定した。

工藤會関係者がいかに社会常識に欠け、市民にとって危険な集団かを示す、わかりやすい話として大きく報道された。最高裁は16年7月、裁判員の安全確保を徹底するよう求める通知を全国の裁判所に送った。

工藤會と戦う検事の覚悟

松井・土持＝吉田・千代延の連携はうまくいった。

しかし、検察と警察の司令官がコラボしただけで事件摘発ができるわけではない。摘発には証拠が必要だ。繰り返しになるが、それは、ヒットマンや周辺の関係者から適正手続きで得た自白であり、それをもとに関係先を緻密《ちみつ》に捜索して獲得した物証であり、関係者の裏付供述である。

検察側の工藤會摘発の最前線基地である地検小倉支部では、工藤會事件の主任検事で組織暴力係の仕切り役だった上野正晴が2015年4月、異動で大阪に去り、上田が捜査、公判の中核を担《にな》うことになった。

上田は、野村、田上を最初に起訴した14年10月、公判の主任検事に指名され、その時点で、福岡地検検事併任の辞令をもらった。15年4月からは福岡本庁がメーンの拠点となり、今度は小倉支部検事の併任辞令をもらった。

福岡地検本庁と小倉支部の両方に上田の執務室があり、福岡地検では野村、田上の公判準備のほか、先に裁判が始まったヒットマンたちの公判にも立ち会った。その一方、小倉支部では、県警が新たに摘発する事件の相談に乗り、補充捜査で被疑者を取り調べた。大リーグ・ドジャースの大谷翔平《しょうへい》ばりの「二刀流」だった。

結局、上田は18年4月に東京地検公安部に異動するまで、福岡で丸5年間勤務した。検事の異動は通常2年サイクル。福岡勤務が異例の長さになったのは、工藤會事件の捜査、公判で上田が余人をもって代えがたい存在になっていたからだ。

工藤會の組織や構成員、工藤會が関与したとされる事件のほぼすべてが頭に入っていただけではない。正義感の強さとアグレッシブな捜査姿勢、現場の警察官との連帯感。県警で上田とかかわった警察官らは上田を「スーパー検事」と呼んで、頼りにした。

上田は、警固が厳重な検察官舎を出て北九州市内に居を構えた。工藤會は上田を敵視していた。いくら県警がしっかり警固をしているからといっても、いい度胸である。なぜ、検事がそこまでするのか。上田はいう。

「工藤會捜査が始まったときから最後まで責任を持つぐらいの気概を持たないと、被害者遺族や組員らの気持ちをつかめないと思った。だから、家を持った。いずれ検事を辞めたら、小倉で弁護士をする。ヤクザを辞めた人間、被害者遺族に対しても、僕は逃げません、これからの人生は小倉で送ります、リスクはあるでしょう、でも、みなさんにもある、それは背負います、だから一緒に戦っていきましょう、と言った。言った以上は、自分がここに残って彼らを守る。それを体現するためだ」

これに県警側はまた痺《しび》れた。幹部や現場捜査員の上田シンパシーは一層、強まった。

「上田検事は体を張っている。家族もいるのに。あんな検事はいない」（國本）

「彼は、自分の職業人生を工藤會事件に賭けた」（千代延）

しかし検察はこういう上田の覚悟を知ってか知らずか、居宅を構えた後の18年4月、上田を東京に異動させ、2年後に高知地検次席検事にした。上田の福岡からの異動時に福岡高検検事長だった元検察幹部は「私の着任時には東京への異動は決まっていた。上田君を検察幹部にするためキャリアを積ませる人事だったと思う」と語った。

15年1月に福岡高検検事長に就任し、16年9月に退官するまで工藤會事件の摘発ラッシュの時間を上田と共に過ごした松井巖は、上田について、

「検事としてというより、一人の地域の人間として、九州を守るという固い決意で仕事をしていた。九州男児の象徴のような県警の尾上さんに劣らない熱い思いをもっていた。（工藤會事件の捜査・公判では）そういう人材が必要だった」

と評する。福岡勤務が異例の長期になったことについては、「気の毒ではあったが、

彼の熱意と能力が必要だった」と話した。

もっとも、当の上田は、頂上作戦における自らと検察の仕事を、

「僕が果たした役割は全体の１パーセントぐらい。残り99パーセントは、同僚の検事、事務官、警察官や被害者の市民、離脱組員らが協力してくれて成果を上げた。捜査でいえば、検察の果たした役割は全体の１割。残り９割は警察だった」

と総括している。

上田については、20年７月から２年間務めた高知地検次席検事時代にかかわった高知県香南《こうなん》市発注工事をめぐる官製談合事件の起訴取り消しにも触れておかねばならない。

高知県警は21年９月１日、香南市発注の市営団地解体工事をめぐり、同市住宅管財課長が最低制限価格に近い金額を市議の志磨村《しまむら》公夫を通じて建設会社側に漏らしたとして、課長、志磨村、建設会社元社長の３人を官製談合防止法違反と公契約関係競売入札妨害の疑いで逮捕した。

課長逮捕の根拠は、志磨村の「課長から金額を教えてもらった」との供述だったが、課長は容疑を否認。課長側の勾留《こうりゅう》不服の申し立てを受けた裁判所が課長を釈放すると、地検は同じ容疑で課長を再逮捕。課長ら３人を逮捕容疑などで起訴した。

ところが、志磨村はその後、供述を翻《ひるがえ》し、課長の関与を否定。情報の漏洩《ろうえい》元は前香南

市長だったと供述した（前市長は否定）。地検は志磨村の供述を虚偽と判断し課長を11月12日に釈放。12月3日に起訴取り消しを発表した。

翌12月4日の読売新聞速報は、高知地検のスポークスマンとして会見した次席検事の上田が捜査の反省点を問われ、「十分に証拠を収集・把握し、冷静かつ多角的に評価できるよう部下の検事への指導を徹底したい」と述べる一方、取り調べ方法は「問題なかった」とし、同じ容疑で2度逮捕したことも「その時点では、罪を疑う相当な理由があった」と釈明した、と伝えた。

志磨村は建設会社側から謝礼として商品券10万円分を受け取ったとするあっせん収賄の罪にも問われ、22年4月、高知地裁で有罪判決を受け確定。漏洩元は特定されないままになっている。

復職した課長は23年12月、志磨村を相手取り約810万円の損害賠償を求めて提訴。地検や県警の不当な逮捕、勾留に対する国家賠償請求訴訟も検討していると報道された。

警視庁公安部が20年3月、軍事転用可能な精密機械を無許可で中国、韓国に輸出したとして社長らを外国為替及び外国貿易法違反容疑で逮捕し、東京地検が起訴しながら、初公判直前の21年7月、「立証は困難」と一転して起訴を取り消した「大川原化工機」（本社・横浜市）事件を彷彿《ほうふつ》とさせる。

同事件では、容疑を全面否認した社長らを起訴後も11カ月間にわたって勾留。顧問の男性は起訴取り消し前に病死した。社長らが国と都を相手取った国家賠償請求訴訟の法廷では、捜査にかかわった公安部の捜査員が事件を「捏造《ねつぞう》」と認め、その背景に「幹部の出世欲」があったとの見方まで示唆《しさ》する異例の事態になっている。

香南市課長の起訴取り消しについて上田は21年12月下旬、筆者に対し、「何も問題はない。騙《だま》されたのに気づいてすぐ釈放し、公訴も取り消した。措置は早かったと思う」と話した。確かに、大川原事件が逮捕から起訴取り消しまで1年4カ月もかかったのに対し、香南市の事件は3カ月だった。

10年の大阪、東京両地検の不祥事で、検察は間違いに気付いても「引き返す勇気」がなかったと指弾された。上田ら高知地検と県警は、その轍《てつ》を踏まず、証拠に欠陥（虚偽供述）があると分かった段階ですぐに引き返したとはいえるのかもしれない。

しかし、県警の刑事や地検の検事が志磨村の供述を鵜《う》呑《の》みにして無実の課長を不当に拘束し起訴までした事実は残る。もし、国賠訴訟になれば、警察、検察の捜査手続きが適正だったかも問われることになる。

情報収集体制の近代化

捜査に話を戻す。

「頂上作戦」への取り組みを通じ、福岡県警の捜査・情報収集体制は格段に近代化した。それが工藤會事件での成果に結びついた面もあった。

手元に一通の資料がある。題して「工藤會事件の捜査・情報収集について」。福岡県警が総力を挙げて取り組んだ工藤會「頂上作戦」を、県警暴力団対策部長として指揮した千代延晃平が2016年5月、東京の最高検察庁で検察幹部を相手に、工藤會事件捜査について講演した際に作成したレジュメである。

福岡県警が、工藤會という強固な組織力・統制力を持つ組織の情報をいかに収集し、摘発に結びつけていったかを、米国流の「インテリジェンス理論」もちりばめて要領よくまとめている。その概要を記す。

注目すべきは、「総括情報官」を中心とした情報コミュニティの構築だ。「総括情報官」をネットワークの中心に置き、「情報収集指導係」「襲撃抑止分析係」「企業情報係」「マネロン対策」と「情報分析」（3班）が、県警暴対部、刑事部、生活安全部、交通部、警備部の各課から情報を集めて分析。

毎月１回、集約した情報を「組織犯罪集約情報」として所属長以上の全県警幹部、全情報官、警察署の担当課長などに配布。重点情報関心事項を提示した。情報関心とは、「情報要求→情報収集→情報処理→情報作成→情報配布」のインテリジェンスサイクルを起動させるもとになる「問題意識」のようなものだろう。

「集約情報」には、県内の指定暴力団ごとに最新情勢を記載するとともに、情報収集活動で得た組員の特異な言動、例えば、

「上納金を払えないので、離脱したいといっている」

「年末に（工藤會の）昇格人事があった」

などを紹介した。

さらに、組織犯罪情報を一元的に集約する福岡県警独自の情報基幹システム（ＦＯＣＳ）を整備した。

「視察結果報告書」「職務質問結果報告書」「供述調書」「捜査報告書（情報）」「捜索差押（名簿・破門状など）」「戸籍謄本《とうほん》・住民票、契約者情報」を集約し「個人情報・施設情報・事件情報」に分類して登録する。米国流の「Need to know」によるアクセス制限をかけたうえ、「事件捜査」「暴力団の指定、組員の認定」「暴力団排除」「情報分析」「保護対策」を担う各実働部隊に流す仕組みだ。

「Need to know」は、必要な情報を必要なところへ、つまり、当該情報を秘密指定した者が必要とする者にのみ情報へのアクセスを認める、という意味だが、セキュリティクリアランス（情報へのアクセス権を認めるための資格調査）と並ぶ、インテリジェンスシステム運用の基本中の基本とされている概念だ。

工藤會に対する具体的な情報収集方法は「人的情報収集（ヒューミント）」と「行動確認や捜査を通じた情報収集」「資機材による情報収集補完」の3つ。

ヒューミントは、協力者の運用を意味する。工藤會組員、周辺関係者、建設、漁業関係者らを協力者としてリクルートし、情報を得る。職務質問も有力な手段で、「機動警察隊特別遊撃班」「堺町（小倉北区の歓楽街）対策隊」「特派機動隊」が適宜行った。「行動確認（行確）」は県警北暴課に専従の行確班を置き、県警航空隊も協力した。

最後の「資機材による情報収集補完」。ヒットマンの行動を密《ひそ》かに監視、記録するのに威力を発揮したのが、高感度・高精細撮影装置とLED照射監視カメラシステムと可搬式監視システムである。これは北暴課の行確班が主に使った。繁華街には、工藤會組員の動向を監視するカメラが設置され、堺町対策隊のモニターで組員を発見すれば、即、職務質問をかけた。ヒットマンの動きを封じるのに効果があった。

一方、総括情報官は、暴力団からの襲撃対象となった人はどういう人か、暴力団の資金源は何か、などの情報を整理し、事件の背景となり得る利権構造の解明にも力を入れた。

まず、「漁協に絡《から》む利権」など具体的なテーマを設定。集まった情報を分析し、リアルタイムでその利権に対する工藤會側の思惑を解明。タイムリーな捜査に結び付けた。

レジュメは、県警が、北九州市漁協脇之浦地区代表理事選挙に立候補した「工藤會親交者」の良樹を、「漁協・港湾利権の中心に収まり、企業などとの交渉窓口になることで、建設業者などから工藤會へのみかじめ料が増える恐れがある」として、投票前に、中学生に対する強要容疑で逮捕した事件について、情報分析に基づく取締りの「成功」事例として紹介していた。

コラボの象徴「脱税摘発」

工藤會「頂上作戦」の決め手は、野村の脱税摘発だった。県警と小倉支部は、暴力団を壊滅させるには兵糧《ひょうろう》を断つのが肝心とみて、「シノギ」の実態にメスを入れ、身ぐるみはいで、ぐうの音も出させないようにしたのだ。

福岡県警の「工藤會関連事件特別捜査本部」は2015年6月16日、工藤會総裁の野村ら4人を所得税法違反の疑いで逮捕した。野村が工藤會「金庫番」の総務委員長、山中政吉ら3幹部と共謀し、10〜13年の4年間で、傘下《さんか》組織幹部らから工藤會の運営費名目で集めた「上納金」のうち約2億2700万円が野村の個人所得だったのに申告せず、所得税約8800万円を脱税したとの容疑だ。

警察が脱税事件の端緒を得た場合、国税局に課税するよう通報し、国税局が国税犯則取締法にもとづいて強制調査。被疑者の身柄拘束が必要な場合は検察が逮捕状を請求するのが通例だ。ただ、工藤會に対する国税局の調査に対しては組織的な抵抗が予想され、調査担当者の生命、身体に対する危害も懸念《けねん》された。

そのため、野村の脱税事件では、例外的に警察が逮捕状を請求して被疑者らの身柄を確保。警察、検察、国税の3者がそれぞれ捜索令状を請求し、執行した。国税当局は野村逮捕時に野村に帰属するとみられる8億1847万円の預貯金を差し押さえた。異例と言っていい捜査だった。

警察の課税通報は1973年から行われているが、実は、暴力団関係ではあまり機能していないのが実態だ。国税庁元幹部によると、通報を受けて国税当局が暴力団に課税処分を行ったのは頂上作戦以前は数えるほどしかない。

最初は1982年3月、兵庫県警の通報で大阪国税局が、山口組最高幹部でその2年後に四代目山口組組長に就任した竹中組組長の竹中正久を、野球賭博《とばく》収入を申告しなかった所得税法違反で強制調査し、神戸地検が逮捕、起訴した事件。

国税当局は連動して竹中個人に課税したが、山口組の資金には手をつけなかった。竹中は公判中に射殺され、被告人死亡により公訴棄却になった。課税処分について遺族が取り消し訴訟を起こし、最高裁まで争ったが、請求は棄却された。

さらに、88年に福岡県警が摘発した暴力団道仁会の覚醒剤密輸事件。国税当局は、県警の通報を受け、密輸で上げた収益を申告しなかったとして同年9月、道仁会系組長に課税したが、道仁会には課税しなかった。

国税当局が暴力団への課税に消極的なのは税法上、暴力団は、町内会や同窓会のような「任意団体」扱いになるためだ。

町内会の会費に税金がかからないのと同じ理屈で、組員がカネを組織に上納しても、組としての活動に使うだけなら、課税対象とはならないのだ。もちろん、組長がそのカネを、個人的な資産購入や飲食に使ったことが証明できれば個人の所得とみなし、課税できる。

しかし、暴力団のカネの出入りや、使途を特定するのは簡単ではない。正直に税務署へ申告する暴力団員は多くない。経理資料の提示を求めてもおとなしく応じることはまずない。

そのため、最近では、暴力団の蓄財については、国が組織的犯罪処罰法にもとづき犯罪収益として没収する方法が主流になっていた。

一連の「頂上作戦」で、県警は広範囲な捜索を行った。

野村方からは1億4000万円の現金を発見。過去に一度も浮かんだことがない隠れ事務所のマンションの1室の金庫を、組関係者が強硬に抵抗する中、バールでこじ開けると、山中が保管する預金通帳、金銭出納帳など工藤會の活動資金の実態を示す複数の経理資料が見つかった。それが脱税捜査の端緒となった。

経理資料には毎月、組幹部から集めた約2000万円の組織運営費のうち約500万円が野村個人に流れていることを示すメモもあった。

県警は工藤會捜査担当の特捜班2個班、税理士資格を有する財務捜査官2人と捜査二課の1個班を投入。膨大な銀行口座の精査とデータ化を行い、福岡地検特別刑事部の指揮のもと、関係者の供述を積み重ねた。

大蔵省証券局、証券取引等監視委員会への出向経験がある福岡地検検事正の土持が、旧知の福岡国税局長の中尾睦《むつみ》（内閣官房内閣審議官を経て2021年7月、財務省大臣官房付で退官）の背中を押し、警察・検察・国税の共同戦線構築に一役買った。

野村には、親族や山中の名義などで預金が4億3000万円あったほか、1億1900万円で土地を購入。6900万円相当の車や4900万円相当の絵画も所有していた。親族らを含め生活費として使ったカネも8900万円に上っていた。

さらに、経理資料や関係者の供述から、09年から14年にかけて、工藤會が縄張り内の公共工事（落札額1億円以上のもの）の落札額の1パーセント、パチンコ店の新規開店時にパチンコ台1台当たり10万円のみかじめ料を受け取っており、その総額は20億円をはるかに超えることも判明。その一部も野村に流れていた疑いがあった。

地検は、それらの収入について野村が所得申告せず脱税した、と見立てた。

これに対し野村は、工藤會の運営費などからの収入はなく、親族名義などの口座のカネは、1986年、91年、2000年の土地収用などに伴う土地売却や1988年の母の死亡に伴う遺産相続で得た計十数億円の残りのカネで、手元の現金もその一部だと弁解した。

しかし、県警が押収《おうしゅう》した1億円余について1万円札の記番号を捜査したところ、うち8000万円は2009年5月15日から13年9月24日にかけて国立印刷局から日銀に納入されたことが判明。野村の弁解と矛盾することがわかった。

さらに、野村個人の資産形成と消費支出を詳細に捜査した結果、相続や土地売却で得たカネでは、野村の過去の支出分は賄《まかな》えず、地検は預金や現金は工藤會関係から得た収入によるものと判断した。

福岡地検は15年7月29日までに、野村が10〜14年に工藤會に「上納」された資金からの収入約8億1000万円を秘匿《ひとく》し、計約3億2000万円を脱税したとして、山中と共に所得税法違反の罪で起訴した。脱税額は県警による逮捕時の約3倍に膨らんだ。

福岡国税局は、野村の過去7年分の所得について、重加算税を含めて約8億円を徴収。この脱税事件の刑事立件と課税処理は、工藤會にとって大きなダメージになった。

福岡地裁は18年7月18日、野村に懲役3年、罰金8000万円、金庫番の山中に懲役2年6カ月の実刑判決を言い渡した。野村側は控訴したが福岡高裁は棄却。さらに、最高裁第三小法廷は21年2月16日、野村らの上告を退け、地裁判決が確定した。

福岡県警本部長だった吉田は、この脱税事件について東大少林寺拳法《けんぽう》部のOB会報「拳生」（21年5月発行）にコラムを寄稿。摘発の意義を語った。

「およそ組織はお金で動いており、兵糧を断つことが暴力団という組織の壊滅の早道であると考えた（略）脱税事件でともに知恵を絞った検察庁の幹部がいつもこう言っていた。『警察、検察、国税という国の執行機関が束になれば、暴力団は壊滅できる。』警察は持ち前の人海戦術で丹念に証拠を集め、検察は緻密な法的検討を加えて有罪獲得の見通しを立て、国税は複雑な数字を読み解いて所得とみなせるかどうか判断する。そのいずれのピースが欠けても実態は解明できない。（略）その後病を得て不帰の人となったその検察幹部の言葉を今も折に触れて思い出す」

この検察幹部は土持だった。

早すぎる死

土持は2016年9月、福岡地検検事正から京都地検検事正に転出した。

実は土持には福岡地検検事正当時から、預金保険機構が全額出資している不良債権の回収会社「整理回収機構」の社長になる話が内々で進んでいた。

整理回収機構の社長は歴代、検察OBが務めており、法務省大臣官房長だった黒川弘務が財務省などに根回しを進めていた。

整理回収機構は2012、3年ごろから、普通の金融機関では回収が難しい暴力団など反社会勢力がらみの債権を買い取り、専門の部隊を作って債権を回収してきた。反社勢力との戦いに命を懸けてきた土持にとっては検事退官後の第二の人生の格好の舞台と映った。乗り気満々だった。

若いころから土持と定期的に会合をもち、土持の仕事ぶりを買ってきた元警察庁刑事局長の舟本馨は13年から20年まで7年間、整理回収機構役員を務めた。

「工藤會総裁を捕まえた直後の14年秋、土持さんを福岡に訪ね、整理回収機構での反社からの回収の話をしたら、ものすごく関心を示し、『暴力団対策は、刑事だけでなく、そういうところから攻めていかなければ。大事な仕事ですよ』と話された」

と舟本は振り返る。

しかし、整理回収機構で土持と入れ替わりになる予定の大蔵省出身の役員の新たな就職先が決まらず、その人事はペンディングになった。17年7月に京都地検検事正で退官するときも、先行きは不透明だった。退官後、つなぎで公証人になる話も打診されたが、土持は断った。

整理回収機構社長になることを前提に、司法研修所時代の教え子の弁護士事務所に入所を打診したが断られた。そのときに思い至ったのが福島県郡山市で弁護士事務所を営む滝田三良《さぶろう》だった。滝田は知る人ぞ知る老練の実力派弁護士。土持が法務省人権擁護局総務課長時代、滝田は全国人権擁護委員連合会会長の職にあった。

「会長の仕事を大いに助けてもらい、さらに、2011年の東日本大震災の後、土持さんが何度も福島入りする行動に感銘を受けていた。土持さんから話があってすぐ来てもらうことにした」（滝田）

福島県で弁護士登録し、滝田事務所に入ったあとも、整理回収機構への思いは変わらなかった。18年3月、土持は「整理回収機構社長の話は、（法務事務次官の）黒川と滝田さんに会ってもらって決める。滝田さんがだめ、といえば、それに従う」と筆者に語った。

膵臓癌《すいぞうがん》が見つかったのはその直後だった。2回の手術で体調が悪化した19年暮れ、土持は、東京高検検事長になっていた黒川に整理回収機構社長の話を断った。

20年3月19日死去。享年《きょうねん》64歳だった。

東京・板橋区内で行われた葬儀・告別式には、コロナ自粛の中、松井、吉田ら工藤會事件の「戦友」が参列した。黒川は同期の検事で唯一《ゆいいつ》、弔電を寄せた。黒川が賭けマージャン発覚で、東京高検検事長の職を辞するのはその2カ月後のことだ。

第8章　みかじめビジネスの実態とは

逮捕直後に崩壊した容疑

捜査は生きものだ。当局の計画通りに展開することは少ない。警察・検察・国税の3当局のコラボの成果とされた野村の脱税事件捜査も例外ではなかった。

というより、はっきり言って綱渡りだった。なんと野村を脱税容疑で逮捕したその日に、逮捕容疑の骨格を形成する重要な前提事実がガラガラと崩れたのだ。福岡地検の捜査チームは真っ青になった。

そもそもが、突貫工事による「ガラス細工」だった。

工藤會は、検察や国税当局の捜査・調査に非協力的な反社会的組織である。国税当局の税務調査のプロを投入したところで、その会計の全体像を把握するのは、半年やそこらの調査・捜査では困難だった。しかし県警は先を急いでいた。検察と国税局は、警察が押収《おうしゅう》した経理書類を頼りに容疑を組み立てるしかなかった。

暗中模索の中、検察が野村の脱税原資と想定したのは、工藤會の役職者が拠出した運営費名目の上納金、つまり工藤會幹部が組に毎月支払う「会費」だった。工藤會経理の中で会費収入は、外形的に固めやすいとみられた。その一部が野村に流れ、個人的な用途に使われたと認定できれば、それを野村の隠し所得と見立てて脱税で摘発できるとみたのである。

工藤會の「本業」であり、脱税原資の本筋ともみられた、企業などからせしめる「みかじめ料」については、国税当局は、工藤會がその年にいくら儲《もう》かったのかを示す「損益計算書(P/L)」を組めていなかった。代わりに、どういう財産をいくら持っているのかを示す「貸借対照表(B/S)」での立証を前提とすると、「現金勘定が判明しておらず、(野村側から)持ち込みの主張をされた場合、排斥できるか不明であるため、これらの収入の立件は消極」(2015年6月初めに作成された着手報告書)

と判断したのだった。

1990年に工藤連合草野一家総長の溝下秀男が定めた「工藤連合草野一家憲法」

は、

「組員は規定の会費を納め本会の決定する方針決議に基づき積極的に活動する」
「会費を二カ月滞納したる場合は降格処分とする。その責務は各組頭首が代紋の交換を責任を持って遂行する」

としていた。99年に改訂された工藤會憲法で、会費は「運営費」に言い換えられた。

着手報告書によると、野村、田上や主なヒットマンを逮捕して3カ月経《た》った2014年12月時点の工藤會構成員は約520人。「運営費」名目での組員の工藤會への月額会費は執行部、直若は20万円。上席専務理事、専務理事は10万円、常任理事7万円、理事5万円、幹事2万円。加えて、幹事以上の役職者は毎月1万円の「共済金」を徴収された。

工藤會への功労者、総裁・会長専用車の運転手、部屋住み、事務局専従、長期の病気療養者、身柄拘束者・受刑者は上納を免除された。

組員は、代紋をあしらったバッジを貸与され、12年ごろまでは毎月の定例会や事始め（新年会）で野村が昇格者の代表にバッジを手渡していた。地位に応じ、材質は金、銀、プラチナ。上納金滞納による地位の降格の際はバッジは材質が劣るものに交換することになっていた。

会費の徴収と管理は、野村の脱税の共犯に問われた工藤會総務委員長の山中ら事務局専従組員が行った。工藤會の二次団体ごとに納める金額を記載した封筒を作成。各団体は、それに現金を入れ毎月9日までに事務局に持参した。

事務局専従組員らは、集めたカネを、

①本家分（野村の親族などの名義口座入金分、野村の元妻、交際相手などへの送金分、本家の食費、部屋住み組員・総裁専用車運転手への小遣い、家政婦代など）

②ジギリ（組織の命令に従って行った犯罪）による刑務所入所者に対する功労積立金

③当面の事務局経費用（当番の食費、本部、事務局の水道光熱費、野村の贈答品の購入、弁護士の接待費用、放免祝いなど）

④残金

に仕分けた。

①と②をそれぞれ封筒に入れ（②は二次団体ごとに別の封筒に）、①と④は山中に、②は二次団体に渡し、③を事務局にプール。事務局経費に使い、足りなくなると、山中から追加で現金が渡された。定例会が開催される毎月10日頃に1カ月分の経費の明細書を作成し山中に報告していた。

検察、国税当局は、県警の捜査などをもとに、①のうち純粋な野村のプライベート分「野村の子供や交際相手の子供名義口座入金分、元妻、長女、交際相手への送金分、井筒屋（百貨店）友の会の会費、先祖供養《くよう》のお布施《ふせ》代、野村宅の光熱費分」は、２０１０年から14年の間、月額４４０万円～４９０万円と認められると判断。

元妻、長女、交際相手分は、山中名義の銀行口座に現金入金されたうえ、同口座から送金。元妻らの生活費に使われていたことも判明。子供名義と部屋住み組員のリーダーの名義の口座に入金されたカネは引き出されずプールされていた。防犯カメラで、14年の入・送金は山中と事務局の組員が行っていることを確認した。

野村は、子供名義口座について、

「将来は贈与、相続を考えているが、現時点では自分の口座。長女らの相続財産を博打《ばくち》で使い込んでしまったため、返済で入金しているものもある」

と供述。預金、入金原資が自分に帰属することを認めた。

野村が工藤會から得たカネは暴力団である工藤會を指揮・指導する対価と見ることができるが、検察・国税は、工藤會の活動は公序良俗に反し、それに対する野村の指揮・指導は税法上の「事業所得」や「給与所得」とはいえないと判断。「雑所得」に該当すると判断した。

野村は、年ごとの儲けである「損益通算」や雑所得に該当する他の収入、賃貸駐車場用の不動産所得、建物の譲渡所得を計上していたが、損失は生じておらず、必要経費はほぼないと見立てた。賭博《とばく》による損失がある可能性はあったが、賭博収入は一時所得とされ、「損益通算」の対象にならないとして無視した。

そのうえで、検察と国税当局は、野村が、組員の「会費」収入から「本家分」として野村側に流れたカネが自己に帰属する所得であることを認識しながら税務申告せずに、脱税したとして、野村や山中らに対する強制捜査に踏み切ったのである。

だが、この容疑の前提事実は、あっけなく崩壊する。

逮捕した工藤會事務局の組員が「11年以降、組の経費を野村がプライベートに流用したことはない」と供述したのだ。工藤會の「会費」から野村側への資金移動は、工藤會の組員が比較的多かった10年までは確かにあった。月に約2000万円集まる会費から約500万円を抜いて、野村関係の費用に充《あ》てたとみることができなくはなかった。しかし現実には、11年からは「会費」収入が急減。工藤會の運営経費を賄《まかな》えなくなっていたのだ。

取締りが厳しくなって組員が100人単位で減っていた。また、みかじめ料の取り立てもしにくくなり、「会費」の滞納が増えたのも原因だった。不足分を野村側が補《ほ》塡《てん》している可能性もあった。捜査に協力した元組員は10年までしか経理実態を把握していなかった。

その後の捜査の結果、野村が補塡した事実はなく、みかじめ料収入を原資とする工藤會の運営費で補塡していたことが判明したが、野村逮捕の時点では、「会費」の流用を脱税原資に想定すると辻褄《つじつま》が合わなくなった。脱税原資を特定できないと、野村の所得の特定はできず、必然的に脱税額も特定できない。

起訴・不起訴は、被告人に有利に判断するのが原則だ。とすると、起訴はできない。破綻《はたん》した見立てのまま捜査を続けるのは正義に反することだった。

捜査に当たる検事たちは「これは無理」と絶望し、吐き気を覚えた者もいた。

野村の脱税逮捕はマスコミで大々的に取り上げられていた。起訴できなければ、警察・検察・国税の大失態となる。見込み捜査として世論の批判を浴び、野村ら工藤會が勢いづくことは目に見えていた。

野村の脱税事件の主任検事は、15年4月に東京地検特捜部財政担当検事から福岡地検特別刑事部長になった鈴木慎二郎。「この事件を処理するために呼んだ」（福岡高検幹部）脱税捜査のプロだった。

鈴木は、「会費」の筋での起訴は無理と報告を受け、絶句した。容疑事実の骨格崩壊という緊急事態だった。最高検でこの事件を担当する刑事部検事の落合義和と鈴木は、事件を立て直すための捜査方針が固まるまで連日、電話で協議することになる。

「みかじめ料原資」に容疑転換

検察にはツキがあった。立件が難しいとみていた「みかじめ料」収入を脱税原資とする、新たな容疑の切り口がすぐ見つかったのだ。

人事交流で国税局から福岡地検に派遣されていた女性国税職員が、工藤會金庫番の山中が管理する郵便貯金・ゆうちょ銀行口座のカネの出入りをエクセルに落として点検するうち、ある法則性を見つけていた。

山中本人名義、山中の長男名義、二男名義の3口座が連動しており、同じ日に同じ郵便局で「二男口座：山中口座：長男口座」に「3：3：1」の割合による入金が繰り返されていることが判明したのだ。

これに、捜査班の検事、上田敏晴が反応した。脱税による逮捕2日目だった。

そのような口座の法則性を知らないで県警がとっていた調書があった。野村が梶原事件で逮捕されてから捜査に協力するようになった元工藤會関係者の福井和夫（仮名）が、

「(工藤會の)工事関係のシノギは個人のシノギにすることはできず、必ず理事長(当時）の田上を通して会長（野村）、総裁（溝下）まで報告する必要があった。四代目工藤會当時、野村の指示で建設会社から工事費の1パーセントを上納金として回収を始めた。上納金は、田上3割、野村3割、溝下3割、會1割で分割されていた」

と供述していたのだ。「工事費」とは、建設会社が工藤會の縄張り内で受注した大規模建設工事の金額を指す。

2005年5月以降の山中関連の3口座の入出金を精査した結果、山中名義の口座は溝下専用、二男名義が野村専用の口座だと判断。長男名義は、工藤會の運営資金分だった。

上田が、福井を改めて取り調べた結果、女性国税職員が発見した入金の法則に符合する工藤會幹部のみかじめ料の分配の実態が明らかになった。

福井は上田の取り調べに対し、「01年から07年まで、複数の建設業者から1回当たり1000万円〜数千万円の現金を受け取って野村、田上に渡す仲介役となってきた。あるとき、野村は自宅応接間で受け取った現金を目の前で数え、『これは総裁（溝下）の分だから、これは俺のだから、これは藤井（藤井組組長）の分だから、これは會の分だから』などと言って、現金を3：3：3：1に分けていた」と供述した。

　さらに福井は、田上が03年に工藤會理事長になってからは、野村の指示で田上にカネを届けるようになり、田上が目の前で同様に現金を分けていたのを見たことがあるとも供述した。供述に沿う入金の事実も確認できた。上田と鈴木は、福井の供述は信用できると判断した。

「みかじめ料脱税」摘発の道筋がはっきり見えた瞬間だった。

建設会社会長射殺事件の「怨念《おんねん》」

　野村脱税捜査で検察、警察国税当局を救うことになった福井は、2011年11月26日、工藤會組員によって射殺された北九州市のA建設会長と関係があった。北九州市の会社でサラリーマンをしていた当時から建設会社と付き合いがあり、得意先の一人がA建設会長だった。

　前にも触れたが、会長は福岡市での大相撲見物から車で帰宅したところ、2人乗りのバイクの後部座席の男に銃撃され、死亡。17年2月、工藤會理事長補佐の瓜田太、同若頭補佐の中西正雄ら8人が殺人罪などで起訴され、瓜田、中西はともに一、二審で無期懲役を言い渡された。

　福井の県警に対する供述や法廷証言によると、福井は勤務先を退社後、藤井組組長藤井進一と知り合った。県警は、福井を藤井組の周辺関係者とみていた。

藤井は、梶原國弘射殺事件に関与したとして、実行犯の組員や田中組若頭の田上とともに02年に捜査対象となったが、体調不良のため捜査は中止処分となり、田上とともに不起訴となった。

福井は01年ごろ、A建設会長から「工藤會へのみかじめ料の橋渡しになってくれんか」と頼まれた。大手ゼネコンから総額30億円の工事を下請けするため、その0・5パーセントの現金を工藤會にもっていってほしいという話だった。

福井が藤井に相談したところ「会長（野村）に相談してみろ」と言われたので、野村の自宅に行き、「上納金のパーセントでございますが、0・5パーセントでいかがでしょうか」と話すと、野村から「馬鹿《ばか》。0・5パーセントじゃなくて1パーセントだ」と言われた。その話を聞いたA建設会長は30億円の1パーセントに当たる3000万円を用意。福井はそれを野村宅で野村に直接渡した。

その後、福井は07年までの間、会長ら建設会社関係者から現金を受け取って工藤會に渡す仲介役を務めた。ヤクザ世界のルールではみかじめ料は藤井経由で野村に渡すのが筋だったが、当時、藤井は病気で動けず、藤井に現金を渡したのは数回だけだった。

01年から07年までに野村と田上にそれぞれ5、6回金を渡した。業者から預かった金がある程度まとまったところで野村、田上に渡す方法で、金額は1回当たり100万円から数千万円だった。

みかじめ料の金額は、建設工事については10億円未満の場合、工事代金総額の3パーセント、10億円以上の場合1パーセント、土木工事については2パーセント、解体工事については3パーセントだった。みかじめ料上納の仲介をした業者は、A建設以外に2、3社あった。

金を渡す手順は毎回同じで、建設会社側から仲介を頼まれると、業者の名前、工事の場所、金額、建設か土木か解体かの種類を野村に報告し、業者から回収した現金は、銀行の帯封は外し、輪ゴムで100万円単位にして手提げ袋などに入れて野村方に持参。自宅の1階奥の応接室で、袋ごと渡した。

みかじめ料の工藤會幹部への配分は、全体を10とすると工藤會が1、総裁の溝下が3、会長の野村が3、みかじめ料を取り立てる当事者の藤井が3という比率で、それはいつも同じだった。野村が現金を分ける時に電卓で計算したり、輪ゴムを外して端《は》数《すう》を数えたりする作業を手伝ったこともある。

野村から藤井の分として3割を受け取り、藤井に届けた際に、その中から自分の取り分をもらった。残り7割は山中が応接室に取りに来ていた。山中が現金を持って帰るところを複数回見た。

田上にカネを渡す手順は野村のときとほぼ同じで、場所は野村宅の近くのファミリーレストランの駐車場が多かった。田上からも「工藤會が1割、総裁が3割、会長が3割、残りが自分の分だ。その中から半分藤井に渡す」と聞いていた。福井は、田上自身が、野村宅の応接室で現金を分けているのを一度見たことがあった——。

建設業者からのみかじめ料を受け取った野村らがいそいそと金勘定をする表情まで浮かんでくるような生々しい供述だ。この福井供述が、脱税捜査崩壊のピンチに陥った検察を救い、脱税事件と市民殺傷4事件で野村を追い詰めることになった。

福井は野村から信用され、01年の野村宅の新築祝のパーティに招待された。福井は、野村の交際相手のマンション購入の手伝いをしたほか、野村の妻のマンション購入契約に立ち会った。

しかし、福井は07年、何者かに銃撃を受けた。「工藤會の仕業」と考えて、以降、工藤會との縁を切り、沈黙を続けて来た。捜査当局に協力するようになるのは14年9月に野村と田上が逮捕されてからだ。

工藤會へのみかじめ料の運び屋となり、工藤會の建設利権と蓄財の実態を深く知ることになった福井の証言が、工藤會と野村の急所を突いた。理不尽極まる亡《な》くなり方をしたA建設会長の「怨念」が、工藤會を追い込む手掛かりを与えたのかもしれない。ちなみに、福井も、梶原の親族の太郎らとともに県警の最重要保護対象となっている。

「紐付《ひもづ》け」に成功

女性国税職員が発見した「3：3：1」は、福井の語る「3：3：3：1」の一部だった。工藤會に上納されたみかじめ料の配分の全体像が、福井の説明で明瞭《めいりょう》になった。野村が仕分けした金は、山中がそれぞれに帰属する仮名口座に振り込み、あるいは現金で手渡すなどの処理をしていたと推測された。

その分配率によるカネの流れは溝下が2008年7月に死亡するまで続き、その後は、野村：田上（仲介者含む）：工藤會運営資金は、「5：4：1」または、「4：5：1」になっていた。

二男名義（野村用）の口座から、2005年7月19日に2324万150円が現金出金され、その日に野村の交際相手のマンション購入代金2150万円が交際相手名義で振り込まれていることがわかった。

交際相手は「マンション購入代金は野村に出してもらい、購入手続きは福井さんがしてくれた」と供述した。これで、工藤會が徴収するみかじめ料の3割が野村に帰属することについて一応の「紐」がついた。

とはいえ、その後も脱税捜査は簡単ではなかった。3口座のカネはわざと複雑なやり方で管理されていた。脱税事件の判決が「第1系列口座」と呼んだ山中名義口座のカネは、山中の孫名義の口座を経て山中の妻名義の口座に移して管理。「第2系列口座」と呼んだ二男名義口座のカネは、別の山中妻名義口座を経てこれまた別の山中名義口座に移して管理。「第3系列口座」の長男名義口座のカネは、また別の山中妻名義の口座に移して管理していた。

福井の供述と口座捜査の進展で検察、国税は、みかじめ料の損益計算書（P／L）を組めるようになった。それが、みかじめ料脱税を立件できた最大のポイントだった。逮捕時に山中が所持していたメモにより、15年に第2系列から引き出した現金7000万円が野村の私的な用途に使用されていたことが判明したことも大きかった。

工藤會のみかじめ料ビジネス

繁華街へ聞き込みに向かう捜査官（2015年）

地検と県警は、工藤會や関係者の供述をもとに、工藤會が２００９～14年に建設業者とパチンコ業者側から受け取ったみかじめ料の額を推計した。

みかじめ料には、「カスリ」と呼ばれるカジノ、ソープランド、パチンコ店からのもの、「工事費」と呼ばれる建設業者からのもの、「盆のテラ」と呼ばれる賭博開帳による胴元収入がある。このうち「工事費」とパチンコ関係の「カスリ」を推計対象にした。

「工事費」は、公共工事（建築・土木）で落札額１億円以上のものに限り、みかじめ料は落札金額の１パーセントとして計算した。その結果、09年が約３億２９７万円、10年が３億２４４３万円、11年が2億7465万円、12年が3億8276万円、13年が3億3970万円、14年が6億1232万円で、総額約22億3600万円にのぼった。

パチンコ店新規開店関連では、1台10万円として計算。09年は1億8510万円、10年は1億4060万円、11年は4180万円、12年は7330万円、13年は1億6710万円、14年は7570万円の総額約6億8300万円だった。

2つを合わせた工藤會のみかじめ料収入は約29億2000万円になった。

これらの数字は、法廷に出す証拠としてではなく、あくまで捜査の方向性を確認するために推計したものだが、工藤會の「シノギの太さ」に驚く。

工事費とパチンコ店開店のみかじめ料の総額は、幹部への配分ルールにもとづき第3系列の入金合計額を単純に10倍すれば判明する仕組みだが、実際の入金合計は推計額よりやや少なかった。みかじめ料の支払いを拒んだ業者がいたとみられる。

事件の筋がよければ、有罪を裏付ける証拠はどんどん出てくる。

脱税立件のポイントは、05年5月に大手パチンコチェーンが、工藤會の縄張り内に新規出店するに当たり、出店地の地権者側が同年暮れ、現金4000万円を四代目工藤會の二次団体の組長に支払い、組長がその金を田上に渡していたのを突き止めたことだった。

工藤會の縄張り内でパチンコ店が新規出店する場合、工藤會はパチンコ台1台につき10万円のみかじめ料を要求していた。組長は「工事着工前の伺いがなかった」と施工業者に因縁をつけ、自らの周辺関係者2人を介して地権者にみかじめ料の支払いを求めていた。

05年12月30日朝、溝下分と見立てた山中口座に１２００万円、野村分と見立てた二男口座に１２００万円、長男口座に４００万円が入金されていた。

それらの事実から検察側は、田上が４０００万円のうち自らと組長の取り分１２００万円を除いた２８００万円を山中に渡し、山中が溝下分、野村分として１２００万円ずつ、工藤會の運営資金分として４００万円を入金したと見立てた。

パチンコ店からのみかじめ料が「３：３：３：１」で配分されていた裏付けがとれた形だった。

検察の指示で福岡県警が素早く捜査に動き、1回目の脱税起訴までに解明することができた。これがないと、最高検は起訴に同意しなかったとみられる。

２０１７年12月に工藤會を辞めた元組員は、１９９４～95年頃、ある施設の買主から2000万円のみかじめ料を受け取り、工藤連合草野一家（当時）本部2階の宿直室で野村に全額を差し出したところ、野村が「これ山（溝下）の分の、俺の分の」などと言いながら、溝下の分、野村の分、関わった担当者の分、事務局の分とに現金を分配したと供述した。

さらに、2001年にも、若松区の工場の建設工事で建設会社から700万円の地元対策費を受け取り、野村方の1階仏間で野村に700万円を渡すと、野村は目の前で、溝下、野村、担当者及び事務局の分に分配したとも供述した。

この元組員は公判に検察側証人として出廷。供述と同様の証言をし、さらに、「本家で当番をしているときに、ゼネコン大手C社の社員2人が訪れ、対応した山中の前に紙袋を2つ置いた。紙袋にかかっていたふくさみたいなものをめくったときに、中身をみると1万円札の束がひと袋に1億円は入っていたと思う」と証言した。2袋なら2億円。大手ゼネコンがそれだけの現金を工藤會に運んだのが事実だとすると、刑事事件としては時効が完成しているとしても、大スキャンダルだ。

野村、田上の弁護側は、この「2億円」を含め、元組員の「みかじめ料」にかかわる証言を「あり得ない」と全否定したが、福岡地裁の判決要旨は、C社のカネには触れなかったものの、元組員の証言について「出所の際にもらった放免祝いの金額などについて一部記憶の正確性に疑問が残る部分はあるが、供述の核心部分については信用できる」と認定した。

元組員の「2億円」供述の真偽はどうなのか。県警や福岡地検は供述の裏付けをとったのか。県警刑事部長だった尾上に尋ねたが、答えは「C社を調べたかどうかを含めコメントできない」。一方、C社は取材に対し「そういう事実はなかった」と答えた。

溝下の死後も野村分、工藤會運営費分は従来通り、1回につき10万円から1000万円を超える入金が頻繁にあり、入金額は年間で数千万円から数億円に上っていた。いずれも同一の郵便局でほぼ同時刻に入金が行われ、野村分と工藤會運営費分の入金額の比率は多くが「5：1」だった。

12年2月から14年4月まで、五代目工藤會田中組組長菊地敬吾の組長付だった組員は、菊地が田上や古参の工藤會二次団体組長から受領した1000万円から2000万円の現金を車内で2つに分け、半分を山中に渡しているのを見たと供述。さらに、菊地が残りのカネの半分を田上に渡したとも供述した。

溝下から代替わりした後も、工藤會では、みかじめ料が配分されていたことを示す証言だった。

もっとも、この組員の供述は一審では採用されたが、控訴審では極めて限定的にしか認められなかった。

鈴木や上田らは最高検から指示された捜査事項に沿って必死で捜査し、厳しい注文をクリアした。最高検は、みかじめ料ルートでの起訴を認めた。

福岡地検特別刑事部は、15年7月29日までに2回に分けて野村と山中を、野村が10～14年に工藤會に上納されたみかじめ料から得た計約8億1000万円を申告せず所得税を免れたとする所得税法違反で起訴したが、逮捕と起訴では、その容疑の骨格を形成する事実はまったく違ったものになった。

朝食メニューが、逮捕時には「ご飯とみそ汁、焼き魚」だったのが、起訴するときには「パンとハムエッグとスープ」に変わったようなものだ。

しかし、脱税の起訴状は、年ごとの所得や逋脱《ほだつ》（脱税）額の数字を並べ、「虚偽の所得税確定申告書を提出し、そのまま法定納期限を徒過《とか》させ、もって不正の行為により」

としか書かない。起訴状を見ただけでは、容疑内容の変遷《へんせん》はわからない。検察は、記者会見でもそれを説明していない。

「福井さんのおかげで、がっしりした建物（容疑の組み立て）ができた。逋脱額も当初想定の3倍。幸運が重なって有罪になった」と上田は振り返った。

裁判は検察側の圧勝

野村の脱税事件の一審裁判を裁いたのは、その後、野村と田上の市民殺傷4事件を裁くことになる福岡地裁第三刑事部（足立勉裁判長）だった。

一審公判では、検察が、工藤會の徴収したみかじめ料のうち野村に分配された収入が野村の脱税所得額に当たると主張したのに対し、野村側は、そのカネは野村の所得ではなく工藤會のものだと反論して無罪の言い渡しを求めた。

最大の争点は、山中がみかじめ料の管理に使っていた「第2系列口座」に入金されたカネが実質的にみて野村に帰属するか、だった。

2018年7月18日に言い渡された一審判決は、工藤會に対するみかじめ料の存在や分配状況、山中による3つの系列口座の管理や各口座への入金状況、第2系列口座からの出金の使途などの事実を総合して、第2系列口座にはみかじめ料から野村の取り分が入金され、それらのカネは実質的に野村に帰属すると認定した。

野村の弁護人は、検察側が拠《よ》りどころとする福井の供述調書をやり玉に上げ、「福井が、A建設会長から受け取った金額を当初、3000万円ではなく、紙袋2つ分の約2000万円超と供述していたほか、野村に直に渡したとする『地元対策費』（みかじめ料）を藤井を介して工藤會に渡したとするなど、供述が変遷していて信用できない」と主張したが、判決は、

「（福井供述には、）野村の自宅応接の家具や調度品の状況など、体験した者でなければ語り得ない内容が少なからず含まれ（略）不自然な点は見当たらない。（略）時間の経過に加え、上納金（みかじめ料）の金額に焦点を当てた取り調べが行われなかったことなどから記憶がよみがえるのに時間を要したとしても不自然・不合理とはいえない」

と一蹴《いっしゅう》した。

野村の弁護側は控訴審で、福井が野村からみかじめ料の配分割合と配分先を聞いたとする供述調書の日付が、野村の脱税容疑での逮捕の1週間後の6月23日であることから、

「（検察は、運営費名目の上納金からの収入を除外したとする逮捕容疑について）工藤會事務局員の供述でそのような構成が誤りであることに気付き、その後、福井が捜査機関の新たな見立てに沿って、野村に直接、上納金（みかじめ料）を渡し、目の前で分ける

のを見たと供述した」

と主張した。国税から出向した女性事務官による「３：３：１」の配分法則発見に合わせ、検察側が福井の供述を誘導したのではないか、との指摘だが、福岡高裁は「福井が捜査機関の新たな見立てに沿う形で供述を変遷させたなどと言うことはできない」と退けた。

21年2月16日、最高裁は野村らの上告を棄却。地裁判決が確定した。

警察・検察・国税当局による野村の脱税摘発で、工藤會の黒いビジネスのバランスシートの全貌《ぜんぼう》が判明したわけではない。しかし、少なくとも、工藤會がパチンコ店の新規開店時と、建設工事受注時に関係業者から巨額のみかじめ料を徴収し、そのカネを野村らトップの間で配分している実態は明らかになった。

工藤會「頂上作戦」における福井の貢献は、野村の脱税立証だけではなかった。福井は、野村、田上が殺人罪などで起訴されている梶原事件、歯科医師事件でも検察側証人として法廷に立ち、野村らの犯行動機の立証で検察を支えた。

検察は、野村らが漁協幹部として港湾開発利権に強い影響力を持つ梶原・上野ファミリーに利権交際を求め、断られた腹いせ、見せしめで梶原や歯科医師を殺傷したと見立てていた。

大規模な開発ラッシュが続く北九州市の港湾開発事業には、建設・土木・解体業者らが多数参入する。工藤會としては、業者らから莫大《ばくだい》なみかじめ料を得るチャンスだが、港湾開発事業に影響力を持つと見込んでいる梶原・上野ファミリーは、率先して工藤會との交際を拒否。だから、梶原・上野ファミリーに言うことをきかせるため襲撃した——。

要は、莫大なみかじめ料目当ての犯行。そのみかじめ料の大半を、野村ら工藤會トップで山分けしている実態を暴いた福井の証言は、野村、田上がみかじめ料ほしさに、殺傷を繰り返したとする検察の主張に強い説得力を与えることになった。

福岡地検特別刑事部長の鈴木は、野村の脱税事件の論告まで担当。18年4月、上田とともに福岡を離れ、東京地検刑事部副部長に異動した。千葉地検特別刑事部長を経て20年夏、証券取引等監視委員会市場監視総括官。23年7月、最高検検事になった。

第９章　法廷での激闘

初公判は逮捕から5年後

指定暴力団五代目工藤會総裁の野村悟と同會会長の田上不美夫に対する市民殺傷４事件を審理する福岡地裁の初公判は２０１９年10月23日に開かれた。野村と田上が、梶原國弘射殺事件で逮捕されてから５年と１カ月余りが経《た》っていた。

福岡地裁は本来の裁判員裁判ではなく、プロ裁判官だけで裁く裁判官裁判で審理する方法を選んだ。

「裁判員の参加する刑事裁判に関する法律（裁判員法）」は、裁判員裁判対象事件を、「死刑又は無期の懲役若《も》しくは禁錮《きんこ》に当たる罪に係る事件」「故意の犯罪行為により被害者を死亡させた罪に係るもの」

と定める。有罪になれば死刑または無期懲役となる殺人などの罪で起訴された野村、田上は本来、裁判員裁判の対象だった。

ただ、裁判員法は第3条1項で、被告人の言動などにより、裁判員やその家族に危害が加えられたり、生活の平穏が著しく害されたりする恐れがあり、裁判員の参加が非常に難しいような場合、裁判所は、裁判員裁判から除外する決定をすることができると定める。

福岡地裁はその規定を適用し、野村、田上の公判は裁判員裁判の対象から除外したのだ。

第3条1項が全国で最初に適用されたのも、福岡地裁小倉支部での工藤會組員の裁判だった。2008年9月、工藤會組員2人が対立する工藤會幹部を射殺したとして起訴された事件で、10年11月に福岡地検小倉支部が地裁支部に請求し、認められた。

そもそも、地検小倉支部が訴追した野村と田上を、福岡地裁が裁くことが異例だった。本来は、北九州市を管轄《かんかつ》する福岡地裁小倉支部に起訴し、そこで審理すればよかった。そうしなかったのは、検察、警察側が、工藤會による野村たちの奪還作戦があるのではないかと本気で危惧《きぐ》したからだ。福岡地裁なら地裁小倉支部より警備が厳重だ。

初公判までに5年もかかったのは、裁判所、検察官、弁護人が初公判の前に争点を整理し、証拠を厳選して審理計画を立てる、公判前整理手続きに時間を要したからだった。

起訴された4つの事件は、多数の関係者がからむ組織的な事件。野村と田上の無罪を主張する弁護団は、検察側が重要証人と位置付ける元組員や関係者の供述の矛盾を衝《つ》き、信用性に疑問があることをクローズアップして検察側のストーリーを揺さぶる作戦だった。そのため開示された証拠を丹念に読み込む必要があったとみられる。

検察側のストーリーの根拠となるそれらの供述調書を裁判所がそのまま証拠として採用してしまうと、野村らはほぼ一巻の終わりとなる。野村、田上の無罪を主張して争う弁護側は、当然のことながら、検察側が提出したそれら多数の供述調書の証拠採用に同意しなかった。

検察は重要供述者を証人に立て、裁判官の面前で供述調書と同じ内容を語らせるしかなくなった。公判前整理手続きでは、どの供述者を法廷に呼ぶかで弁護人と丁々発止の駆け引きが行われた。市民殺傷4事件と同時並行で、15年6月に摘発された野村の所得税法違反（脱税）事件でも、弁護団は、整理手続きの場で「県警の捜査の全体像が見えない。見えてから」と認否を留保。裁判所もそれを認め、こちらの初公判は17年10月末となった。

野村、田上の弁護人は強力だった。主任弁護人は大阪弁護士会所属の後藤貞人《さだと》。有数の刑事弁護士といわれ、合理的な疑いがある場合は被告人を無罪とする刑事裁判の原則に忠実な弁護方針で、暴力団山口組幹部がかかわる拳銃《けんじゅう》共同所持事件などで無罪判決を獲得してきた。警察、検察とはいわば仇敵《きゅうてき》の間柄だ。

バブル崩壊で資金繰りに困り偽造の預金証書でノンバンクなどから数千億円をだまし取ったとして詐欺《さぎ》などの罪が確定した大阪の料亭の女将《おかみ》、尾上縫の弁護人も務めた。尾上は、バブル絶頂期に日本興業銀行（現・みずほ銀行）など多数の金融機関から延べ累計《るいけい》で2兆7000億円を借りて株式の売買を行っていた。

福岡県弁護士会所属の美奈川成章《しげあき》は長年、刑事弁護での弁護権の拡充に取り組んできた人権派の弁護士。1963年に458人が死亡した三井三池炭鉱の炭塵《たんじん》爆発事故をめぐる損害賠償請求訴訟では被害者原告の代理人弁護士として活躍した。

対する検察側は、工藤會事件を熟知している上田敏晴を中心に、その上田を補佐する優秀な若手検事数人を東京地検などから送り込んだ。

「現役で司法試験に合格し、特捜部にも在籍した超一流を、福岡の公判に投入してくれた。検察の意気込みを感じた」

と、福岡県警本部長だった吉田尚正は振り返った。

裁判の構造と争点

市民殺傷４事件はいずれも、野村、田上が実行犯の組員に犯行を指示したり、犯行を了解したことを示す直接の証拠はなかった。

弁護側は、検察側の起訴事実を真向から争った。特に、梶原國弘事件については、「県警と検察は、工藤會の組織そのものを壊滅に追い込もうとの刑事政策的な判断のもと、実質的な新証拠が見つかったわけでもないのに、被告人らを逮捕・勾留《こうりゅう》、起訴し、工藤會組員らに対する影響力を遮断し工藤會壊滅への道筋をつけることを計画。きわめて誘導的で暗示的な取り調べ方法を駆使して元組員らの供述を集め、無罪判決が確定した者を共犯者として起訴したことも許されない」

などとして公訴棄却を求めた。公訴棄却は、著しく正義に反する起訴の場合に適用される手続きで、裁判するまでもない、いわば門前払いのことである。

さらに、公訴棄却が適用されなくても野村と田上の無罪は明白だとし、判決が確定している実行犯との共謀を柱とする検察の起訴事実を争った。残る元警部事件、看護師事件、歯科医師事件についても、「まったく関知していない」「組員が勝手にやったこと」と全面的に容疑を否認した。

裁判の主要な争点は、第6章で記した捜査側の立証ポイントと重なる。重複するが再掲する。

(1) 襲撃を敢行した組織の実質的なトップが野村であり、ナンバー2の田上と野村は一心同体であったかどうか

(2) 各襲撃事件を起こす動機が、野村本人あるいは田上にあったのかどうか

(3) 工藤會(田中組)のヒットマングループが、強固な上意下達の組織原理に基づき、工藤會の活動としてトップの指揮・命令、あるいは承認を受けて行動したといえるかどうか。逆にいうと、トップの指示、承認なしでは組織的な襲撃事件は行い得なかったといえるか

の3点である。

野村、田上の公判は2019年10月23日以来、週2回のペースで開かれた。21年3月の結審まで計62回となり、元組員や県警の捜査員ら延べ91人が法廷で証言した。弁護側は、それら検察側証人の供述の信用性などを激しく攻撃し、揺さぶった。

弁護側の言い分

公判で、被告側は検察のストーリーを論破するため、「本音」ベースの「暴力団の論理」を開陳。弁論は極めて興味深いものとなった。

工藤會が強固な上意下達組織だとする検察に対し、弁護側は、暴力団組織の実態として、

「組は、指示や規則を守れない者たちの寄せ集めにすぎない。疑似家族を形成することによって古来の日本の家族の形に似せて互いに助け合う組織を作り、そのためにかろうじてその家族内の規律を守ろうとしているだけ」

と反論した。さらに、

「組員がシノギのために犯罪を犯してしまうことは珍しくない。シノギは個々の組員がするもの。組ぐるみのシノギなどというものは存在しない。組長以下が公務員や会社の組織のように、上下の指揮命令系統によってシノギをすることはない」

とし、田中組組員による梶原射殺事件を「野村の意思及び田上の関与によるものと強く推認される」とする検察主張は「牽強付会《けんきょうふかい》も甚だしい」と批判した。

また、他の3事件では、工藤會トップの野村、田上と実行犯グループとの共謀の存

在を否定し、その理由を次のように述べた。

「五代目工藤會発足以降、野村は当代を退いて隠居する総裁という立場にあり、工藤會の運営に一切の権限を示さず、実際にも加わっていなかった。序列1位ではあったが、形式上の序列にすぎない。五代目工藤會において具体的な意思決定を行うのは、毎年行われる事始めで田上から軍配を貸与された理事長の菊地以下の執行部であり、田上が菊地に対し、工藤會の運営、活動について指示することはない。（略）事件を起こす組員は、組にどのような影響を及ぼすかなどということを深く考えることはない。だから事件を起こす。被告人両名は、元警察官事件、看護師事件、歯科医師事件が組織に重大な影響を及ぼすことが分かっていながら、あえてその実行を指示したことになる。これでは、自殺行為に等しく、そのようなことを被告人両名が行うわけがない」

次いで、検察が描く3事件の犯行動機についての反論。まず、元福岡県警警部への襲撃事件については、

「被害者は2011年に警察官を退職するまで、両名とは良好な関係にあった。08年ころから、野村、田上が強い不快感を抱くようになったというのは、あり得ない。退職後の警察官を拳銃で襲撃すれば、工藤會が捜査対象となり、工藤會に対する締めつ

けがそれまでとは比較にならないほど強化されることは、少しでも考えれば容易に分かる。にもかかわらず本件が実行されたのは、本件の実行を決意した者が、愚かにも、そのことを意に介さなかったからとしか考えられない」

とし、功名を焦《あせ》った工藤會幹部が野村、田上に無断で実行した事件だったと主張した。

そして、「野村にしか襲撃動機がない」と検察側が主張した看護師事件については、

「野村の言動が、それを直接聞いた組員らから間接的に何者かに伝わり、その何者かが看護師の顔や尻《しり》に傷をつけ恥をかかせてやろうと思いつき、野村の怒りや腹立ちが解消されているのを知らない人物が、軽率に指示実行したと考えることができる」

と主張した。

最後に歯科医師事件については、

「襲撃は、(現場指揮をとった)中西(正雄)に襲撃を指示した組員が、(利権交際要求という)シノギを考え出しただけのこと。組員がそのような経済活動をするにあたって、組織のトップである田上や、隠居した野村の了解をとるなどということは、そもそもあり得ない」

とし、検察側が、襲撃実行犯を工藤會が組織として処分していない不自然さを指摘

したことに対しては、こう反論した。

「ヤクザの組員が独自に経済活動をするのは当たり前。そのことがたまたま犯罪に当たる場合でも、その組員が処罰を受け、服役することになるだけ。犯罪自体がヤクザにとって破廉恥《はれんち》と見られる行為や組織の規律を乱す行為でない限り、たとえ捜査で組織に重大な影響が生じたとしても、そのことによってその組員を処分するなどということはあり得ない。そのようなことをすれば、組員にシノギをしてはならないと言っているのと同じことであり、組織にとって自殺行為でしかない」

一般社会では通らない理屈だ。それでも、野村と田上側がなりふり構わず全否定するのは、歯科医師事件の動機がその16年前に射殺された同医師の親族である梶原の事件の動機と重なり、歯科医師事件で裁判所が有罪心証をとれば、梶原事件でも有罪心証を強めることになると受け取めていたからだろう。絶対に譲れない防衛線だったのかもしれない。

検察側の戦略

裁判の帰趨《きすう》にかかわる証拠の多くは、逮捕後、県警の捜査員や検事の説得で捜査協力に転じた実行犯や、田中組系と反目する工藤會の元組員や工藤會周辺関係者、そして被害者ないしその遺族の供述だった。

検察は、梶原事件以外の3事件の実行犯で容疑を認めている元組員の裁判を先行し、その法廷に野村、田上の裁判でも重要証人となる関係者を登場させ、証言させる戦術をとった。

実行犯は、いずれも、野村、田上と共謀して事件を実行したとして起訴されていた。基本的に、野村、田上を起訴した事件と立証構造は同じであり、そこでも、野村、田上が犯行を指示したかどうかが争点となった。検察側にとっては、野村、田上との公判闘争の「予行演習」ともなったのである。

「容疑を認めている連中の裁判であれば、証人は比較的しゃべりやすい」（公判担当検事）との判断があった。

検察は本来、出廷させる必要もない証人まで法廷に呼んで尋問した。尋問と証言はビデオリンクで録画された。

刑事訴訟法321条の2は、ビデオリンク方式による証人尋問調書の証拠能力について「（略）他の事件の刑事手続において（略）記録媒体がその一部とされた調書は（略）証拠とすることができる。（略）裁判所は、その調書を取り調べた後、訴訟関係人に対し、その供述者を証人として尋問する機会を与えなければならない」と定める。その戦略は奏功した。元警部事件、歯科医師事件の実行犯、看護師事件では実行犯の送迎役を務め組織犯罪処罰法違反（組織的な殺人未遂）などに問われた元工藤會田中組組員、秋田紘一の裁判に検察側証人として出廷した関係者の多くは、弁護側の揺さぶりに動じず、取り調べ段階の供述を維持した。

白眉《はくび》は、歯科医師事件の被害者の親族の太郎と、太郎の従弟《いとこ》で田上と親交があった良樹の証言だった。

福岡地裁第一刑事部（丸田顕裁判長）で審理された公判に出廷した2人は、検察に供述した通り、事件前に田上が良樹をメッセンジャーにして太郎に利権交際を迫ったこと、太郎がそれを拒絶した後に親族の医師が襲撃されたこと、良樹が事件後に田上本人に会い、「太郎が分からんのやけ、おまえ、やるしかねえやろ」との「自白」を引き出したことなどを生々しく証言した。

弁護側は「良樹は漁協利権にからみ、田上の名を利用した疑いがあり、信用できない」などと主張したが、裁判長の丸田は「証言は信用できる」と退け、17年12月15日、3事件とも「工藤會の活動として、野村の指揮命令に基づき、あらかじめ定められた任務分担に従って」実行されたと認定。秋田に有期刑では上限の懲役30年（求刑、無期懲役）を言い渡した。

控訴審も一審を支持。秋田は上告を取り下げ判決が確定。服役した。

元警部事件と歯科医師事件で秋田の送迎役などを務めたとして組織的な殺人未遂罪などに問われた元田中組組員の富山純一の裁判でも、福岡地裁は野村、田上の犯行への関与を認め、17年3月22日、「工藤會トップの指揮命令に従い、元警部や歯科医を殺害しようとした。極めて組織的かつ計画的な犯行」として懲役18年8カ月（求刑、懲役20年）を言い渡した。富山も上告を取り下げて判決が確定、服役した。

野村の脱税事件立証のキーマンとなった福井和夫は殺傷事件の公判にも検察側証人として出廷。建設会社からのみかじめ料の3割が野村の懐《ふところ》に入っていたと証言した。

野村の外堀は確実に埋まっていった。

とはいえ、裁く裁判官が違えば、証拠の見方、検察側の立証に対する評価も違う。梶原事件を含む殺傷4事件で野村、田上を裁く福岡地裁第三刑事部（足立勉裁判長）は脱税事件で野村に有罪判決を言い渡していたが、法曹界やマスコミ関係者の間では、依然として無罪判決が言い渡される可能性もあると囁《ささや》かれていた。殺傷事件では、野村、田上と実行犯との共謀を示す直接的な証拠がまったくなかったからだ。

極刑言い渡しに安堵《あんど》した福岡県警

２０２１年8月24日午前10時、福岡地裁での野村、田上に対する判決公判。裁判長・足立勉の判決言い渡しは、判決理由の朗読から始まった。

無罪や有期刑の場合、まず主文でその旨《むね》を告げる。検察側は工藤會トップの野村に死刑、ナンバー2の田上に無期懲役と罰金２０００万円を求刑していた。主文が後回しにされた時点で、野村については「死刑」か「無期懲役」が想定された。大手マスコミの記者たちは速報のため一斉に法廷を飛び出した。

福岡県警刑事部長の尾上芳信は、法廷警備のために設けられた警察官席で判決を傍聴していた。

「無罪はない」

と、ほぼ確信していた尾上の最大の関心は、野村の最初の逮捕事件である梶原射殺事件で実行犯と野村の共謀が認められるかどうか、だった。それは、言い渡しを受ける野村も同じだったろう。足立は判決理由の冒頭で、まず梶原射殺事件について、

「本件犯行に被告人両名の関与がなかったとは到底考えられず、両名が犯行を共謀した事実が優に認められる」

と共謀を認定した。尾上は、隣席に座る工藤會事件捜査班長の警部と顔を見合わせ、うなずきあった。足立は残る3事件についても、

「いずれも両名が意思疎通《そつう》をしながら、最終的には野村被告の意思により決定されたと推認できる」

とし、実行犯の組員と野村らとの共謀を認定した。

言い渡しは昼の休憩を挟んで午後4時まで続いた。その間、野村は落ち着かない様子で視線を落としたり、宙を見上げたりしていた。犯罪の事実関係で、足立が自らの予想と外れた認定をすると、えっという表情で首を傾《かし》げた。「死刑とする」との宣告には表情を変えなかった。傍聴席では、野村の身内と見られる女性のすすり泣きが聞こえた。

判決は、梶原事件で前回の裁判で無罪となった組員の共犯を認定せず、元福岡県警警部に対する襲撃事件では検察側が描いた襲撃の動機を認めなかった。さらに田上については事件によって経済的利益を見込んだとして無期懲役と罰金2000万円が求刑されたのに対し、「間接的・副次的な効果にとどまる」として罰金刑は科さず無期懲役とした。

それ以外は概《おおむ》ね検察側の主張を採用した。

裁判長への「捨て台詞《ぜりふ》」

野村が裁判長の足立に向かってぼそぼそと話し始めたのは、死刑の判決主文が言い渡され、記者の多くが再び速報のため飛び出した直後だった。廷吏に腰ひもをつけられた野村の声は次第に大きくなった。「不規則発言」に気付いた数人の記者が聞き耳を立てる中、

「推認、推認」

「公正な判断をお願いしてたのに、全然公正じゃない」

「生涯後悔するよ」

などと言い放った。

同じ起訴事実で無期懲役を言い渡された田上も、

「ひどいな、あんた。足立さん」

「東京の裁判官になって良かったね」

などと、威圧ともとれる発言を残して退廷した。足立は、表情を変えず、

「退廷してください」

と、繰り返した。

足立は2017年4月、横浜地裁から福岡地裁に赴任。野村、田上の殺傷4事件の裁判が結審した後の21年4月、東京高裁に異動したが、福岡地裁兼務となり、この日は言い渡しのため来福していた。

法廷で野村らの発言を聞いた尾上は、

「冗談抜きで、脅迫の現行犯で逮捕しようと思った」

という。ただ、法廷の警察権は裁判所にある。判決に不服な被告が暴れたような場合は、裁判所職員が取り押さえ、手に負えないときは、拘置所職員が手を貸す。野村、田上は勾留中であり、裁判所の要請がない限り、尾上たちは動けない。足立はその要請をしなかった。

判決に不服があれば、控訴して争い、無罪を勝ち取る。それが刑事司法のルールだ。野村らの言動は、アウトローたる工藤會の本質を示すものと受け止められ、新聞・テレビやネットでセンセーショナルに伝えられた。

工藤會は歯向かう者には組織内外を問わず銃口を向けてきた。野村の言動は、シャバにいる配下組員らへのメッセージの可能性もあるのではないか、とも受け止められた。

尾上は、野村らの言動をこう分析した。記者の一人は「この後何が起きるのか、怖い」と話した。

「弁護側から、梶原事件は無罪だ、ほかの3件で最悪、無期懲役判決が出るかもしれないが、死刑はない、といわれていたのではないか。それが死刑判決だったので、思わず心の声が、人間の本質というか暴力団の本質がぽろっと出た感じ。野村が言ったので、田上は言わざるを得なかったのではないか」

弁護団の弁護士は24日夜と26日に野村らに接見。26日に記者会見した。「後悔するよ」発言について野村は、

「こんな判決を書くようでは、裁判官としての職務上『生涯後悔することになる』という意味で言った。脅しや報復の意図で言ったのではない」

と弁護団の弁護士に説明したという。同弁護士も「文脈からすると自然だし、同感」と語った。

意図はさておき、裁判長を恫喝《どうかつ》したかに見える言動は、裁判所全体の心証を悪くする。控訴審を戦わねばならない弁護団が「野村の真意」をあえて会見で説明したのも、それを意識したからだろう。

警察庁は念のため、警視庁や神奈川県警に対し、足立の職場や住居などの警固強化を要請。福岡地検は野村と田上の弁護士以外との接見禁止を求め、福岡地裁が禁止を

決定。弁護側の抗告で福岡高裁がようやく地裁の決定を取り消したのは9月21日だった。

福岡地裁の判断

判決は4事件すべてについて、野村、田上側の公訴棄却や無罪の主張を一蹴《いっしゅう》。野村、田上と実行犯との共謀を認定した。

野村に対しては求刑通り死刑を言い渡したが、田上に対しては無期懲役（求刑、無期懲役と罰金2000万円）を言い渡し、未決勾留日数中1500日を刑に算入した。

最大の焦点となった梶原事件について、

「実行犯（中村数年）や犯行使用車両の調達に関わった古口信一、藤井進一らが、野村、田上の直属の子分である田中組幹部であり、事件3日後に幹部間で車の処理などを協議したと窺《うかが》われること、工藤會幹部が関係者に実行犯のアリバイについて口裏合わせを依頼したこと、この事件で服役した組員らのために工藤會で現金が積み立てられ、多額の差し入れがされていることなども踏まえると、本件が田中組の幹部を含む工藤連合の組員らにより敢行された犯行であることは明らか」

と犯行の組織性・計画性を認定した。また、野村と田上の犯行動機について、

「犯行当時、両名が被害者一族の利権に重大な関心を抱き、田中組幹部らが執拗《しつよう》に利権交際を求めたが、これを拒絶される中で本件が起きており、野村は被害者一族がいる限り、その利権に食い込むのは困難であるとの認識を示していた。利権交際要求に被害者一族が応じた場合、巨額の利権の相当部分を工藤連合最高幹部の野村が取得することが見込まれており、野村には本件犯行を行う動機が十分にあった。田上も、射殺事件の約3カ月後、自ら被害者遺族に工藤連合との利権交際を要求している」

とし、ほぼ検察側の主張を受け入れた。そのうえで、野村、田上と実行犯との共謀について、

「実行役や犯行使用車両の調達役の田中組幹部らは、互いに指示をしたり、従ったりという関係にはなく、（彼らに）犯行を指示できる組織の上位者としては、組長の野村と野村の意向を受けた若頭の田上がまず想定されることなども総合すると、本件犯行に両名の関与がなかったとは到底考えられず、両名が本件犯行を共謀した事実が優に認められる」

と認定した。

判決は、野村、田上と実行グループとがいつ、どこで、どういうやり取りをして共謀が成立したとの根拠は一切、示さなかった。まず襲撃事件ありき。実行犯ははっき

りしている。組織の上位者は野村、田上の2人。2人には動機があるが、実行犯には動機がない。2人が襲撃を指示した具体的な証拠はないが、「逆に、2人の関与がなかったら、犯行は起き得ないのだから、実行犯との共謀は認められる」という、文字通りの状況証拠での認定だった。

弁護側の公訴権の乱用の主張については、「全《すべ》ての証拠を検討しても、本件の公訴提起自体が職務犯罪を構成するような違法なものであることをうかがわせる事情は何ら見当たらない。弁護人の主張は失当」と一蹴した。

ただ、確定判決で無罪になった西田智明については、古口が犯行後、「西田をどか別の場所に移さないかんのじゃないですかね」と組幹部に電話したり、西田本人に「北九州にはおれんめいもん（いられないぞ）」と話したとの組関係者の供述を根拠に検察側が犯行に関与したと主張した点については、「証拠上不明。合理的に推認することもできない」として退けた。

続いて元警部事件、看護師事件、歯科医師事件の3事件で、工藤會総裁の野村に工藤會トップとしての実質的な権能があったかどうかの判断。

判決は、野村が総裁になった後も、単なる隠居ではなく、依然として工藤會内部で実権を有していたと認定した。

その根拠としたのは、野村が組幹部の絶縁処分や、工藤會の不動産売却にかかわっていること、五代目工藤會の継承式を取り仕切る媒酌人の言動。さらに、四代目会長時代から工藤會の二次団体の多数の組員が24時間体制の当番を務め、総裁に退いたあとも田上らがほぼ毎日、野村に朝の挨拶《あいさつ》をするため野村方を訪れ、

「朝2階から野村が降りてくると、菊地以下の幹部組員は忠誠を示すかのように1階廊下に正座して出迎えていた」

との事実だった。

そのうえで、3事件における野村、田上の関与を検討。元警部事件については、

「長年工藤會の捜査に従事し最高幹部と直接話の出来る数少ない捜査員であった被害者を拳銃で襲撃すれば、即座に最高幹部を含む工藤會組員の関与が疑われ、警察の工藤會に対する取締りがより一層強化され、工藤會にとって重大なリスクがあることは容易に想定できる。このような事件を田中組組員が工藤會の総裁、会長である両名に無断で起こすことは到底考え難い。田上が菊地をかねてより信頼・寵愛《ちょうあい》していたことなども踏まえれば、両名の本件犯行への関与が強く推認される」

とした。襲撃の動機については、1999年に恐喝の罪で服役した田上が、元警部

ら捜査にかかわった警官3人の名を挙げ、

「この3人は許さん」

「俺は直接はやらんよ。間に何人かの人間を入れてやるよ」

などと県警捜査員に対し、仕返しをほのめかしたことを挙げた。

さらに、元警部が2009年に元工藤會幹部に接触し、

「野村が20億持っている」

「野村が山口組に狙《ねら》われている」

などと告げて情報提供を求めたのが野村の耳に入り、野村が元警部に、

「あんた、最後になって悪いもん残したな」

と言ったことなどを根拠に、

「両名と被害者との間には犯行の動機となり得る事情も複数認められる」

とした。この野村の「悪いもん残したな」という発言について、実行犯の秋田の判決は、発言があったとする元警部らの証言の信用性に疑問があるとして証拠採用しなかったが、足立は、元警部らの証言は信用できるとして証拠採用した。

看護師事件では、実行犯の指示役の田口、中西らによる犯行準備、実行の報告、犯

行後の証拠隠滅にかかわる携帯電話の通信傍受記録の証拠能力を認め、

「野村は、クリニックで受けた亀頭《きとう》増大手術及びレーザー脱毛施術《せじゅつ》の結果が思わしくなかったうえ、クリニックの対応、とりわけ担当看護師である被害者の対応が悪いと感じ、被害者に強い不満を抱いており、襲撃に及ぶ動機があった一方、田上や犯行に関与した組員らは、被害者と一切接点がなく、野村以外に犯行動機を持つ者は工藤會内にいなかった」

と認定。

さらに、野村が事件の2日後、被害者が匿名《とくめい》で報道されていたこの事件について、看護師がその被害者であり、刃物で刺されたとの被害状況も知っていたうえ、犯行を肯定的にとらえる発言もしていたとして、

「野村の意思決定によってなされたと推認でき、弁護人が主張するように、他の人物が野村に無断で実行した可能性はない」

と断言。野村、田上と実行犯グループとの共謀について、犯行には工藤會理事長の菊地や理事長補佐の瓜田が深く関与しているとし、

「田上は両名共通の渡世上の親に当たる工藤會会長であり、個人的な関係も深く、田上も犯行に関与していたと考えるのが自然。田中組の組織的犯行であることが発覚す

れば、工藤會総裁である野村に強い嫌疑が及ぶこととなる犯行について、工藤會理事長以下の組員が工藤會の当代会長である田上に相談なく実行に及ぶとも考え難い。本件犯行は、野村が田上と意思疎通をしたうえで最終的な意思決定をしたものと推認できる」

と認定した。一方、歯科医師事件で判決は、弁護側が信用性を激しく争った太郎、良樹の証言を全面的に採用した。

弁護側は、特に、田上の襲撃への関与に直結する良樹の証言を激しく攻撃。良樹が捜査当局に協力するようになったのは、

「14年5月に強要罪や詐欺罪で逮捕され、警察の捜査のターゲットになったときの恐ろしさを身にしみて感じ、ヤクザに協力するより、警察に協力する方が身の安全を確保できると考えたから」

「(良樹)自身が(上野)忠義殺害事件や歯科医師襲撃事件について関与を疑われ、自分に対する疑いを逸《そ》らすため、警察の描くストーリーに迎合して、田上や野村が、歯科医師襲撃事件に関与しているかのような虚偽の供述をする動機は十分にあった」

などと主張したが、判決は、

「(良樹は)身内が被害を受けた感情もあって、警察に知っていることを話すように

なった経緯は自然」

として退け、

「本件は、田上が工藤會理事長の菊地に指示して、組員らに実行させたものであると推認できる。田上が野村の関与なしに実行の指示をするとは到底考え難い。野村には、本件犯行に及ぶ十分な動機があった」

と認定した。

極刑を選択した理由

野村を死刑としたことについては、

「(梶原事件について) 利権獲得目的から暴力団組織が一般市民を襲撃して殺害するという犯行は極めて悪質である。周到な準備の上、2人がかりで銃撃するという組織的・計画的で大胆な犯行であり、実行犯2名は、路上に転倒した被害者に対し、とどめを刺すべく更に拳銃を発射しており、強固な殺意に基づく執拗かつ極めて残虐《ざんぎゃく》な犯行でもある。結果は余りに重大で、被害者の親族が首謀者の処罰を望むのは当然である。地域住民や社会一般に与えた衝撃は計り知れない。野村は、工藤連合田中組の組織力や指揮命令系統を利用し、首謀者として関与しており、その刑責は誠に重大である。被害者1名の殺人事件におけるこれまでの量刑傾向を踏まえても、特段の事情がない限り、極刑を選択すべきである」

と認定。その他の3事件についても、

「工藤會総裁としていずれにも首謀者として関与した。3事件も併せ考慮すれば、組織的犯罪としての重大性・悪質性が一層顕著となり、極刑を選択すべき必然性はより高まる」

とし、

「野村の供述態度から反省の情を見て取ることはできず、有利に考え得る事情を最大限考慮しても、極刑を回避すべき特段の事情は見いだせない。罪刑均衡、一般予防、いずれの見地からも、極刑の選択はやむを得ない」

と結論づけた。

とはいえ、死刑はやはり特別な刑罰だ。確定すれば、恩赦がない限り、確実に国によって命を奪われる。執行後に冤罪《えんざい》だとわかっても取り返しがつかない。建前は無期限だが、途中で仮釈放されることもある無期懲役とはまったく性格が異なる。好き好んで死刑判決を書く裁判官はいない。

ちなみに、死刑適用の是非が争点となる刑事裁判では、1983年7月8日に最高裁判所第二小法廷が、68年に発生した連続射殺事件の被告人・永山則夫（事件当時19歳少年）に対し、控訴審の無期懲役判決を破棄し東京高裁へ差し戻した際に示した死刑適用基準（永山基準）が、たびたび議論されてきた。

永山基準は、極刑選択の考慮要素として、「結果の重大性ことに殺害された被害者の数」を挙げた。それ以降の刑事裁判では、殺害が1人だけの事件では死刑回避の傾向が強まったとされるが、被害者が1人であっても他の情状と総合して極刑が相当であると判断されるケースも少なくない。

一方、田上について判決は、梶原事件について、

「野村と共に、犯行に至る意思決定に深く関与し、犯行を指示したものと認められる。田上の刑責は重大であり、野村にこそ及ばないが、無期懲役に処された実行役を下回ることはない」

と認定。他の3事件についても、

「工藤會会長という立場で、野村と相通じるなどしてその意思決定に関与し、不可欠で重要な役割を果たした。他の共犯者との刑の均衡という観点も踏まえると、有利に考え得る事情を最大限考慮しても、無期懲役刑を科すのが相当」

とした。

ただ、検察側が、元警部事件の犯行について、「工藤會の意に背けない風潮を助長し、その経済的利益獲得に資するという目的も併せ持っていた」として田上に罰金刑を併科すべきと主張した点については、

「結果的に工藤會の経済的利益獲得に資するという効果が見込まれるとしても、これを意図して本件犯行が行われたとまで見るのは飛躍があるから、罰金刑を併科することはしない」

と述べた。

弁護団は記者会見で判決について、

「全体的に証拠評価が偏《かたよ》っているという印象。『知らないはずがない』『指揮しないはずがない』というロジックが使われている。（野村が）直接に誰かに指示したとか、田上被告と話し合ったとかいう証拠は一切ない。全てについて到底承服しがたい。これだけ薄い証拠、直接証拠がなくて、推認で死刑判決を出して良いのかと思う」

と、強い不満を表明した。

判決の意味

最近の裁判所は、供述証拠の採用に慎重で、供述と物証に矛盾があれば、証拠とし

て採用せず、立証不十分を理由に無罪を言い渡す傾向があった。直接証拠がない中、供述を中心とした間接証拠をもとに「推認」で、野村、田上ら工藤會トップと実行犯の共謀共同正犯を認定した判決は、やはり異例といっていいだろう。

市民に対するテロを繰り返す工藤會トップを摘発し、長期間、あるいは永久に社会から隔離する。それが、国の治安を預かる警察当局や検察庁の共通の目標だった。工藤會事件の捜査は、その意味で一種の「国策捜査」だったといえる。

裁判所側もそれを受けて、野村、田上の裁判の審理に万全の態勢を整えたとみられる。東京高裁管内のエリート裁判官といわれる足立を横浜地裁から福岡地裁に送り込んだのもその一環だろう。

しかし、刑事裁判は、法と証拠のみによって裁かれる。裁判所が野村、田上の裁判でその原則を外したとはいえない。共謀の直接証拠がない中で、野村、田上について足立ら裁判官が有罪の心証を持ったのは、検察側の立証に説得力があったからだ。捜査に協力した工藤會の現・元組員や周辺関係者は、工藤會の報復を心底、恐れながらも、法廷で真実を語ろうとした。その彼らの言葉が足立らの胸に深く刺さり、有罪の心証を形成させたといっていいだろう。

足立判決は、実行犯と組織トップの間で具体的な指示や了承が認められなくても共謀共同正犯が成立する判断基準について、地検小倉支部の検事たちを勇気づけた２０１４年１月16日の大阪高裁判決の「射程」を大きく超えた。

大阪高裁判決が裁いたのは、山口組系暴力団健國会の若頭など多数の組員が役割を分担して山口組を破門された別の組の組長を神戸市内の路上で刺殺した事件だった。実行役の組員と共謀したとして起訴された健國会会長に無罪を言い渡した一審判決を破棄し、「暴力団最高幹部を含む複数の組員が、当該暴力団の指揮命令系統にしたがって組織的に犯行を準備し、当該暴力団の活動であることを顕示する（略）ような事実関係の下では、経験則上、特段の事情がない限り、その犯行は、当該暴力団の首領（会長や組長）が共謀に加わり、その指揮命令に基づいて行われたものと推認される」との判断を示していた。

検察側は、野村、田上と４殺傷事件の実行犯との共謀立証でこの高裁判断を引用し、「野村、田上が襲撃の意思決定に関与し、共謀に加わっていたことは明らか」と主張した。

これに対し、弁護側は、

「Ｋ会（健國会）会長は起訴されたが、上部団体であるＹ組（山口組）組長ら最高幹部は起訴されていない。判示の射程範囲は、多数のK会組員が、同組の指揮命令系統に従って重大事件を実行した事実関係の下で、K会会長につき共謀、指揮命令を推認することができるかどうかにとどまる。Y組組長やその他の最高幹部は、判示の射程範囲外。Y組が本件では工藤會に相当し、K会が田中組に相当する」

とし、田中組組長である菊地については、「経験則上、特段の事情がない限り、共謀に加わりその指揮命令に基づいていると推認されるということが言い得ても、工藤會の総裁や会長である野村や田上についてそのように言うことはできない」と主張。

さらに、「高裁判決は、K会会長が、被害者と事件直前まで車に同乗し、被害者が降りた直後にその車を運転していた子分に対し、(別の車で追尾していた)実行犯グループのリーダーに電話をするよう指示し、リーダーが誰かと携帯電話で話をした後、実行犯らに襲撃を指示した、と認定した上で、K会会長の共謀、指揮命令を認定している」とし、「検察官が引用するような抽象論のみで共謀を認定しているわけではない」と指摘した。

しかし、足立は、弁護側の主張を受け入れなかった。判決要旨では、大阪高裁判決にも触れないまま、野村、田上と実行犯の共謀共同正犯が成立する、と踏み込んだ。

暴力団事件への抑止効果？

工藤會「頂上作戦」の捜査現場を取り仕切った尾上は、暴力団トップの指示を裏付ける直接証拠がない中、実行犯との共謀を認定したことについて、

「（野村の）指示なくしてこんな事件は起きない、忖度《そんたく》だけでできるような事件じゃない。誰もがそう思っている。それを法的に認めてくれた。指定暴力団のトップがこういう形で有罪認定されるとなると、犯罪の抑止効果につながる。その面では画期的判決だ」

と語った。暴力団がらみの事件ではトップが立件されること自体まれだった。警察庁元幹部や暴力団排除に取り組む弁護士らは、

「一審とはいえ、実行犯への直接の指示がなくても暴力団トップが死刑判決を受ける前例ができれば、阿吽《あうん》の呼吸であっても、襲撃指示ができなくなる。今後、他の指定暴力団の抗争や犯罪を防ぐ抑止力にもなる」

と口をそろえた。日本最大の暴力団、山口組（構成員は22年時点で約３８００人）が、「六代目山口組総本部」名で全国の傘下《さんか》組織に公共の場で銃器を使わないように、との通達を出したと朝日新聞が報じたのは判決１週間後の２０２１年９月２日。通達は

1日付だったとされる。

山口組では15年に一部の組長らが離脱して神戸山口組を結成。対立抗争とみられる銃撃事件などが後を絶たなかった。通達は、野村、田上に対する有罪判決を意識しての措置と見て間違いなかろう。野村、田上が有罪認定された4件のうち2件で拳銃が使われていた。

組員に銃を使わせないとのメッセージとも受け取れるが、暴力団は、「殺すと決めたら銃がなくても実行する」（朝日新聞記事による警察幹部証言）。組員に対してというより、使用者責任を意識しての、治安当局、市民に対するアピールとみられる。

複雑な思いの検事

裁判の第1ラウンドは県警、検察側の完勝だった。野村、田上はこの判決を不服として8月25日付で福岡高裁に控訴した。

野村の不規則発言というハプニングはあったが、尾上は、判決を万感の思いで聞き終えた。

被害者、遺族。そして、長年にわたって工藤會対策に携わってきた多くの警察官、検察官。一人一人の顔が浮かんだ。それらの人々の思いが詰まった事件の判決だった。

尾上は、工藤會事件にかかわった「戦友」たちに判決結果を速報した。野村と田上を逮捕した当時の福岡県警本部長で退官後に弁護士となった樋口眞人、樋口の後任の本部長で工藤會対策を引き継ぎ、警視総監で退官した吉田尚正。そして直属の上司だった元県警暴力団対策部長の千代延晃平（当時・群馬県警本部長）。いずれも、最大限の祝福とねぎらいの言葉が返ってきた。

元福岡高検検事長で弁護士の松井巖には「天国で土持さんも喜んでくれているのでは」とのメールを送った。松井は、野村が逮捕されて4カ月後の2015年1月から16年9月まで福岡高検検事長を務めた。

「裁判長は腹をくくってあれだけの判決を下した。敬意を表する」

そう語った松井は判決後、9月に退官を控えた尾上に慰労の気持ちを込めて酒を贈った。

尾上はこの判決を花道に退職。福岡県暴力追放運動推進センター専務理事になった。

そうした中で、複雑な思いで判決を受け止めた検事がいた。高知地検次席検事になっていた上田敏晴である。判決前日から休暇を取り北九州市の自宅に戻っていた。上田は野村に死刑判決が出ることを確信していた。それゆえ、判決結果について強い感慨はなかった。

電話をかけてきた尾上や樋口は口々に喜びを語ったが、上田は素直に喜べなかった。理由は、工藤會の仕業とみられる未解決の重大事件が数多く残っていたからだ。梶原國弘の実弟の上野忠義射殺事件は、実行犯の特定が難航。建設工事のみかじめ料をめぐり工藤會幹部に射殺されたとされるA建設会長の事件には、野村、田上が関与した疑いがあると見立てたが、具体的な証拠収集は進んでいなかった。

判決後に連絡をとった未解決事件の被害者は、

「野村、田上はいいから、自分を襲った犯人、身内を殺した犯人を捕まえてほしい」と訴えた。警察のせいで被害に遭ったと受け止めている被害者もいた。そして、捜査に協力した元組員らは、野村＝工藤會の報復を恐れていた。

それらの人々のことを考えると、軽々に喜ぶことはできなかったのである。

野村、田上の裁判はようやく一審が終わったばかり。控訴審が待っている。そこでも、弁護側との激しい攻防が予想されている。もし、控訴審で有罪が維持されても、野村らは上告して戦い続けるだろう。獄中にあるとはいえ、野村は依然として工藤會組員らに強い影響力を持つとされる。野村が健在な限り、捜査に協力した被害者、元組員、現場の捜査員らが報復を受ける恐れは消えない、と上田は考えていた。

一審判決は一区切りではあるが、工藤會事件は終わっていない。「攻撃こそ最大の防御」を合言葉に、県警は複数の未解決事件に野村・田上がかかわったとみて立件に向けた捜査を続けていた。北九州を離れても、上田の心はずっと県警の捜査員とともにあった。

第10章 「頂上作戦」の成果と課題

「警察、行政、民間」による工藤會追い込み

「頂上作戦」を展開した福岡県警は、公安委員会や北九州市など行政当局とも連携して工藤會を追い込んだ。そこで威力を発揮したのが、暴力団対策法（暴対法）や条例に基づく行政規制だった。

暴対法は、暴力的要求行為、暴力行為を反復して行う恐れのある暴力団を、管轄《かんかつ》する公安委員会が「特定危険指定暴力団」に指定できると定めた。それによって、指定された暴力団の組員が警戒区域内で不当な要求をすれば、警察は中止命令を経ずにいきなりその組員を逮捕できるうえ、要件を満たせば、事務所使用制限命令を出すことが可能になった。

福岡県公安委員会は2012年12月、工藤會を「特定危険指定暴力団」に指定。14年11月20日、工藤會の総本部事務所（工藤會館）、同會総裁の野村の自宅内事務所（本家）、田中組本部事務所、同紺屋町事務所の使用制限命令を発出した。

翌15年2月19日には、田中組事務所機能が移転した別の工藤會直参組織の事務所を追加指定。6月18日には本家の土地、駐車場から物置まで使用制限命令を出した。これによって組員は活動の足場を失い、組織の意思統一が更に綻《ほころ》んだ。

また、ジギリ事件（組織の命令に従って行った犯罪）の見返りとして報奨金や役職の昇格を行うことを禁じる同法の賞揚等禁止命令も、ヒットマンたちの士気をくじくのに役立った。

県警が工藤會事務所から押収《おうしゅう》した経理資料の中に、梶原事件の実行犯として無期懲役が確定し服役中の中村数年のために月20万円を積み立てるなど、服役中の組幹部6人のために毎月計110万円を積み立てていることをうかがわせるメモがあり、事務局の組員が「ジギリによる刑務所入所者に対する功労積立金」と認めた。県警は禁止命令を出した。

北九州市は2018年12月、小倉北区の工藤會本部事務所を、固定資産税滞納を理由に差し押さえた。滞納分の債権を保全するためだ。撤去も視野に入っていた。暴力追放に取り組んでいる同市からすると、工藤會の組織の象徴でもある本部事務所の撤去は「暴力追放のシンボリックな取り組み」としてアピールできるとの判断もあったとみられる。

１９８７年5月に落成したとされる本部事務所は、大広間で新年の事始め式や代替わりの継承式などが行われ、幹部会議も定期開催されてきた。敷地と建物は、土木建築請負、労働者派遣などを目的とする有限会社の所有で、野村が代表取締役となっていた。

２０１４年11月から県公安委員会の使用制限命令で使えない状態が続き、工藤會関係者の立入りが認められるのは、掃除や風通しのため数カ月に一度程度だったとされる。

県警は、工藤會の本部事務所撤去を後押しし、「工藤會側が売却の意向を持っている」などの情報を市側に伝えた。市と工藤會側の交渉は19年1月にスタート。最初の交渉は県警本部で行われた。

途中、売買価格をめぐる交渉が物別れになるなど紆余曲折《うよきょくせつ》もあったが、結局、9月になって、暴力団の元組員を雇用していた県内の企業が土地、建物を1億円で買い取ることになった。売買は、工藤會と企業の間では直接行わず、公益財団法人・福岡県暴力追放運動推進センターが間に入ることになった。

11月に正式契約。工藤會は更地にして、暴追推進センターに売却した。それをセンターが企業に転売するスキームで、売却、転売代金ともに1億円。解体費用など約6000万円を差し引いた約4000万円を工藤會組員らが関わったとされる事件の被害者への賠償金に充《あ》てることになった。

さらに、翌20年2月、更地になった土地を、同市でホームレス支援などに取り組むNPO法人「抱樸《ほうぼく》」（奥田知志《ともし》理事長）が取得企業から購入することになった。

抱樸は、1988年に北九州市で発足したホームレス支援団体が前身で、2000年にNPOとなった。炊《た》き出しや居住・就労支援のほか、罪を犯して服役した人の更生支援などの活動に取り組んでいる。

全世代対象の総合的な福祉プロジェクトの拠点として福祉施設を建設。24年10月の開所をめざした。跡地購入などにかかった1億3000万円全額を金融機関からの融資で賄《まかな》い、22年3月その支払いが完了した（抱樸HP）という。

工藤會が黒いビジネスで形成した資産の象徴だった工藤會館の土地が、回りまわって、社会福祉NPOのものとなり、困窮者支援、子どもや高齢者の居場所づくり、ボランティア活動などの拠点として市民に還元される。さらに、離脱した元組員の更生支援の場にもなるとしたら、工藤會対策に取り組んできた人たちにとっては、願ったりかなったりの話だった。

20年7月、県公安委員会は、工藤會が新たな拠点とした北九州市内の同会系組事務所に対し、暴対法に基づく使用制限命令を出した。県公安委員会は同年6月、この事務所を工藤會の「主たる事務所」と認定し官報で公示していた。1年後の21年7月、この事務所は売却されたと県警が発表した。

同年10月、県警は工藤會の傘下《さんか》組織・田中組の本部事務所の解体が始まったと発表した。田中組は、工藤會トップの野村の出身組織。工藤會内では最大の勢力を誇っていたが、「頂上作戦」以来の厳しい取締りで組織の資金源が細り、事務所の維持に苦しんでいると県警はみていた。土地は県内の民間企業に売却される予定とされた。

12年4月に銃撃被害を受けた県警の元警部と、14年5月に刃物で重傷を負わされた歯科医師が、野村と田上ら4人を相手取り、計約1億1300万円（元警部が17年8月に約3000万円、歯科医師が18年2月に約8300万円）の損害賠償を求める訴訟を福岡地裁に起こした。この提訴でも、県警は被害者側を支援したとみられる。

19年4月23日、福岡地裁は野村ら4人に対し、計約6448万円（元警部に約1624万円、歯科医師に約4824万円）の支払いを命じたが、野村らは控訴。元警部側と工藤會側は和解協議を進めたが11月、不調に終わった。同年12月13日、福岡高裁は元警部について一審判決を支持し、野村らの控訴を棄却。野村側の上告は棄却され判決は確定した。

判決は「野村が危害を加えることを決定し、田上に指示し、田上が配下に指示したことで、実行役が襲撃した」として、野村らの民法による共同不法行為を認定した。一方、歯科医師刺傷をめぐる訴訟については、控訴審で被害者側と野村ら工藤會側3人との和解が成立した。

さらに、21年5月末には、11年11月に射殺されたA建設会長の親族2人が、野村、田上と、実行犯とされる工藤會幹部の中西正雄の3人を相手取り、総額約8800万円の損害賠償を求める訴訟を福岡地裁に起こした。

原告側は、野村と田上には、暴力団対策法に基づく指定暴力団の代表者としての損害賠償責任があるとした。朝日新聞によると、原告は弁護団を通じ、「事件直後は思い出すのもつらくて忘れようとしていたが、心の整理をつけなければいけないと、提訴に踏み切った」とコメントした。24年2月、地裁は野村、田上に対し、3300万円の支払いを命じ、さらに同年10月、福岡高裁は賠償額を3850万円に増額した。

また、同紙によると、12年に「暴力団員立入禁止」の標章を掲げたことで工藤會系組員に切り付けられた飲食店経営の女性が、野村、田上、菊地を相手取り約8000万円の賠償を求めて提訴。野村、田上について、福岡地裁は22年1月末、共同不法行為の成立を認定。3人に連帯して約6155万円を支払うよう命じた。

安全・安心を実感

福岡県警が「頂上作戦」を始めた2014年以降、工藤會組員の摘発は7年間で延べ434人に上った、と2021年9月12日の読売新聞は伝えた。20年末の福岡県内の工藤會の構成員数（準構成員など含む）は430人。ピークの約3分の1になった。そして「頂上作戦」開始以来、工藤會が関与したとみられる一般市民の死傷事件は1件も起きなかった。「頂上作戦」によって、北九州市民の体感治安——安全・安心感は格段に改善された。それは北九州市が定期的に行っている「市政モニターアンケート　暴力団排除について」の調査結果に表れている。

元警部襲撃事件や「暴力団員立入禁止」の標章を掲示したスナック、クラブの経営者らへの襲撃が相次いだ「平成24年度（2012年度）」は、「『最近5年間の実生活』の中で、暴力団（員）に対する脅威を感じた（もしくは暴力団員からの被害を受けた）ことがありますか？」の質問について128人中32人（25パーセント）が「ある」と答えた。これに対し、襲撃にかかわったとみられる工藤會幹部やヒットマンの多くが収監ないし勾留《こうりゅう》中となった「令和2年度（2020年度）」では、「ある」が7・5パーセント。18ポイント近く減った。

モニターの市民は毎年入れ替わるが、その年々における市民の感覚・空気を反映していると考えてよかろう。やはり、「頂上作戦」で市民殺傷、発砲事件がなくなったことが、体感治安の改善につながったようだ。

令和2年度の調査の際に、市民モニターから寄せられた暴力団対策に対する意見には、以下のようなものがあった。

「暴力団構成員は脱退後も社会で生きにくさを感じているため、市の社会福祉協議会などを中心として、社会全体で堅気《かたぎ》として生きようとする人を支える仕組みづくりを推進することが必要だと感じる。（例えば、市営バスの運転手や任期付き非正規公務員として元構成員を採用する、など……）」

「工藤会《ママ》本部事務所の跡地を市のNPO法人が活用し、高齢者や子どもたちの支援施設が整備されることになって嬉《うれ》しい。北九州市の暴力追放推進施策はこの数年でかなり効果が出ていると思う」

「追放を推進する役割を担《にな》う中心はあくまで警察、行政であって、市民は協力するという形が好ましいと考えます。（略）市民だけで排除できるものと考えるほど甘いものではないからです」

「昔、学校に勤めていた時、暴力団組員の子ども達が辛《つら》い思いをしていることを知り、なんともいえない気持ちになりました。そんな子どもがいる学校での暴力団追放教室には、細かい配慮をしてほしいと願っています」

工藤會の脅威が低減したことで、市民には、別の景色も見え始めたようだ。

「失敗」の本質

福岡県警の工藤會「頂上作戦」は、赫々《かくかく》たる戦果を挙げたといえるだろう。検察、国税当局と連携して工藤會トップの脱税事件での有罪を確定させ、殺傷事件についても一審段階とはいえ、トップの有罪を勝ち取った。工藤會はなりを潜め、北九州市民の「安全・安心」は確実に回復しつつある。それは賞賛に値するといってよい。

ただ、裏を返せば、それまでの県警の工藤會対策は一体、何だったのか、ということになる。工藤會がいきなり、無差別に市民を襲撃する凶悪なテロ集団に化けたわけではない。県警などによる工藤會対策が十分、機能していなかったということだ。なぜ、そういう事態を招いたかの反省がなくては、同じことを繰り返す恐れがある。工藤會の取締りが進まなかった背景として、警察、検察の間の齟齬《そご》による紆余曲折があったことはすでに指摘したが、ここでは、市民、つまり被害者との関係で、明らかに工藤會対策の失敗とみられる2点を指摘しておく。

ひとつは、本書第2章でも詳しく触れた「標章掲示」問題である。

福岡県は2010年4月、暴力団に利益供与した事業者への罰則を初めて盛り込んだ暴力団排除条例を施行したが、さらに暴力団を封じ込めるため、県警の要請に基づき同条例を改正。12年8月から、県の公安委員会が発行する標章を掲げた店への工藤會組員の立ち入りを禁じた。

「飲食店経営者の暴力団排除の意志を公安委員会が後押し」（県警）するもので、組員が標章掲示店に立ち入ると、公安委員会（実際は、県警）が中止命令を出し、命令に違反すると、50万円以下の罰金に処す、というものだ。

ところが、改正条例が施行された8月1日から、標章掲示店の入る飲食ビルのエレベーターへの放火、掲示したクラブの経営幹部やスナックの女性経営者らが切り付けられる事件が続発。結局、北九州市で標章掲示の飲食店や関係者を狙《ねら》った放火、刺傷事件は11月3日までに計13件に上った。県警は、暴排運動への参加をお願いした市民を守りきれなかった。警察に対する市民の信頼は大きく揺らいだ。

暴力団排除に向けて福岡県条例は、「県民等の役割」として「県民は、暴力団の排除のための活動に自主的に、かつ、相互の連携協力を図って取り組むとともに、県が実施する暴力団の排除に関する施策に協力するよう努めるものとする。2　事業者は、その行う事業（中略）により暴力団を利することとならないようにするとともに、県が実施する暴力団の排除に関する施策に協力するものとする」（第5条）と定める。

大きな方向性は間違っていない。暴力団が市民や事業者に不当な要求を行う民事介入暴力は、市民や事業者が暴力団を容認し、利用するからはびこるという実態がかつてはあった。市民の自覚を促し、「自助」「共助」の精神で、暴力団排除に立ち上がってもらうことは、一般論としては誠に正しい。

ただ、それは時と場合による。

北九州市では、みかじめ料を拒否した建設会社への発砲が相次ぎ、工藤會担当の元警部が銃撃されながら、県警は犯人を捕まえられず、工藤會は文字通り、我が物顔で町を闊歩《かっぽ》した。

そういう状況下で、スナックやクラブが標章を掲げることは「工藤會は出入りするな、みかじめ料は払わない」と宣言するに等しい。工藤會がいきり立ち、標章を掲示した店の経営者らを見せしめとして襲撃することは容易に予測できた。そして、その通りになった。

福岡県議会では、標章掲示がらみの襲撃被害に対する質問が相次いだ。

12年12月定例会では、中村誠治議員が「標章を掲示する取り組みは、結果的に県民を暴力団の前面に立たせることになり、これを警察が守り切れず、県民に直接被害が及ぶ事態になりました。（略）犯罪の発生後は、百件近い飲食店で標章を外す動きが出るなど深刻な状況にあると思います。暴力団排除運動では、警察が暴力団の前面に立ち運動を進めることが基本だと思いますが、警察本部長は、県民に直接被害が及ぶ事態となったことをどのように受けとめ、これ以上犠牲者を出さないために、どのように取り組むのかお尋ねいたします」とただした。

これに対し、当時の県警本部長の菱川《ひしかわ》雄治は、

「事件の発生を未然に防止することができず、県民の皆様に不安を与えていることにつきましては、治安維持の責任者として大変深刻に受けとめております」

と答弁。「事件発生を未然に防止」できなかったことは認めたが、謝罪はせず、

「特別部隊や、本県機動隊、さらには他県からの特別派遣された機動隊員を歓楽街等へ大量投入し、保護、警戒活動の強化を図っているところでありまして、これまで以上に県民の皆様の安全確保に向け、総力を挙げて取り組んでまいります」

と答えた。

当時の県警幹部の一人はこう語る。

「県警としては、標章掲示店の保護対策を強化して掲示をお願いした。それで何とか抑え込めると考えていたが、工藤會側がこちらの想定を超えて襲撃に及んだ。結果論ではあるが、反論のしようがなかった」

工藤會事件の捜査関係者の一人はこう指摘する。

「完全に警察のミスです。(標章掲示による暴力団排除は)熊本県で成功していた。だから、北九州市にも適用できる、という安易な発想があった。熊本と小倉では、ヤクザと市民の関係が全く違う。『標章掲示条例は失敗だ、条例は間違いだ』と言う現職の県警幹部もいた。現場の警察官はみなわかっている。放火され、刺された被害者は、警察はなんであんな条例をつくったのか、自分たちはそれでやられた、と訴えた。我々も、そう思っている」

掲示条例の実施は、結果として「暴力団の脅威から市民を守る」という警察本来の目的と逆の結果となったばかりか、市民の警察への反発、捜査への非協力を招き、自らの首を絞める結果になった。

もちろん、悪いのは襲撃した工藤會だ。しかし、襲撃の危険をある程度予見できたのに、十分な回避措置を講じず、市民を傷つけてしまった事実は残る。失敗は失敗として、被害者や市民にきちんと経緯を説明し謝罪すべきではないか。

21年12月、県警暴対部長だった國本正春はこう語った。

「制度開始後、暴力団排除条例の施策に反発する工藤會が、飲食店関係者に対する殺人未遂事件など卑劣な犯行を敢行したことには、大変心を痛めている。しかしながら、このような犯罪により県民の方々が暴力団排除活動から完全に撤退するようなことがあれば工藤會の思うつぼ。暴力団の思うようにさせないためにも、警察が前面に立ち、保護対策の万全を図るとともに、県民の皆様が築いてこられた暴力団排除の機運を礎《いしずえ》として、工藤會の壊滅を目指していく必要があると考えている」

建設業界との向き合い方

もうひとつの失敗は、県や県警による建設業者などへの厳しい締め付けの問題である。

福岡県暴排条例は第6条で「公共工事その他の県の事務又は事業により暴力団を利することとならないよう、暴力団員又は暴力団員若しくは暴力団と密接な関係を有する者を県が実施する入札に参加させない等の必要な措置を講ずるものとする」と定め、第15条で「暴力団の威力を利用する目的で」あるいは「利用したことに関し、利益の供与をすること」を禁じた。違反した業者は1年以下の懲役又は50万円以下の罰金に処すほか、排除勧告を行い、勧告に従わなければ、事実を公表できる、と定めた。

2020年4月20日の朝日新聞朝刊は、「暴排条例10年、組員高齢化」と題する記事の中で、この県条例が建設業界の暴力団排除に果たした貢献について次のように伝えた。

「(県)条例に基づく勧告(19年末まで)は58件で、利益供与などをした事業者に対するものと、逆に利益供与を受けるなどした組員へのものがともに29件だった。勧告対象となった利益供与の合計金額は約1億1千万円で、対象外も含めると10億円を超えるとみられる。勧告に従わず、氏名公表に至ったケースが1件あった。(略)県警は今年(20年)2月までに、暴力団と密接な関係にあるなどとして建設会社など144業者を国や県などに通報。公共工事の入札からの排除を求めた」

福岡県によると、指名停止や排除措置をとったのは、県警の捜査・調査で「役員等（経営に事実上参画している者）が、暴力的組織の構成員となっている」とか「役員等又は使用人が、暴力的組織又は構成員等と密接な交際を有し、又は社会的に非難される関係を有している」事実が判明した業者だという。

建設業者に対する県や県警の厳しいチェックは、実際のところ、建設業界からの暴力団排除に貢献したのだろうか。工藤會事件の捜査にかかわった捜査関係者はいう。

「（北九州市では）建設業者が暴排を決意してみかじめ料を払わないと工藤會に発砲される。発砲があると、警察は、その業者はそれまで工藤會と関係があったと疑い、あれこれ調べて県に通報する。すると業者は公共工事の入札から外され、さらに県のホームページでその事実が公開されると民間工事まで排除され、つぶれるしかない。結局、警察は、業者を敵に回すことになり、暴排運動自体をだめにする。今は、だいぶ、通報を絞るようになったが、一時、手広くやっていた」

県警が建設業者を目の敵にするのは、建設業界からのみかじめ料が暴力団の最も大きな資金源になっているからだ。企業舎弟（フロント企業）と認定した建設業者が談合の仕切り役として暗躍することも珍しくなかった。

ただ、被害者である建設業者の捜査協力を得られなければ、事件の摘発はできない。

「ヤクザの資金源を断つ。一見、よさそうなうたい文句だが、真面目《まじめ》に働いている建設業者にとっては、理不尽な話。だから、業界が警察にそっぽを向く。警察は信用できない。ヤクザと警察のどっちも嫌い。そういうことが長年続いてきた」（捜査関係者）

当然、建設業者は被害を受けても警察には非協力で、その結果、未解決事件の山となり、県警は疲弊した。それは先にも触れた。県警の方針に反発して建設業法違反など形式犯での立件を拒否する捜査員もいたという。

建設業界から暴力団を排除するという理念そのものは間違っていない。建設業界では、談合構造を背景に受注などで有利な状況を作るため、暴力団を利用することがあったと国会でも指摘された。暴力団が建設会社の看板を掲げることもあった。全国の多くの地域では、この理念に基づく法執行は一定の効果を挙げているのだろう。

ただ、北九州市では、その理念だけでは何ともならない実態があった。北九州市の暴力団は工藤會ひとつだけになり、他の暴力団との競合による牽制《けんせい》が働かない中で、暴力団と建設業者は、「恐喝する側」と「される側」になった。警察の工藤會摘発が遅々として進まない中、建設業者らは、後難を恐れ、工藤會に襲撃されても被害届を出すのを渋ったり、捜査に非協力になったりした。そういう状況下で、警察や行政当局が被害者である建設業者を徒《いたずら》に責めるのは意味がない。

警察当局は1990年代、暴力団と並ぶ反社勢力と位置付けていた総会屋対策で、企業側に「絶縁するなら過去は問わない」と法執行の猶予《ゆうよ》を示唆《しさ》して総会屋との縁切りを呼びかけたことがあった。

1994年3月、当時の警察庁長官、城内《きうち》康光が「企業が総会屋などと絶縁しようと真剣に努力しているならば、警察は過去の利益供与の解明より、関係遮断に伴う不法事案の防圧、すでに発生した事件の検挙に捜査の重点を置く」（同年3月18日付毎日新聞朝刊）と表明したのが最初である。

97年6月には、企業の総会屋担当役員を集めた研修で、警察庁長官の関口祐弘《ゆうこう》が「総会屋を排除するために努力する企業を支援する」と発言。対策の最前線を指揮する警視庁刑事部長の吉村博人《ひろと》（後に警察庁長官）は「被害相談を受ければ〝大人の解決〟をしたい」と表明した。さらに、吉村は同年10月、「企業側が総会屋との癒着《ゆちゃく》を申告して清算すれば摘発しない」と明言した。

警視庁は、並行して「味の素」「三菱自動車」など日本を代表する企業を総会屋への利益供与で摘発した。企業は雪崩《なだれ》を打って総会屋と決別し、総会屋は激減した。

対象企業が大都市中心の上場企業に限定される総会屋問題と、全国津々浦々、中小まで含めると万単位の業者がいる建設業界と暴力団の問題とでは事情が異なるが、もし、警察当局が、工藤會が跋扈《ばっこ》した時期に限り、北九州地区の建設業者に同様のモラトリアムを採用していれば、建設業者からの捜査協力は得られやすくなり、結果として、建設業界の暴排運動も進んだ可能性があったのではないか。

福岡県は2016年3月29日施行の改正福岡県暴力団排除条例で、公安委員会による勧告の適用除外制度を新設した。県はその狙いを次のように解説している。

「公安委員会は、県民や事業者が禁止行為を行ったことについて自ら進んで申告し、再び禁止行為を行わないことを誓約した場合は、勧告（行為の是正を求めること）を行わないこととされた。ただし、虚偽の申告又は再び禁止行為を行った場合は公表される」

実態に即した暴力団対策への転換が進んだ証《あかし》だと理解したい。

県警暴対部長だった國本は21年12月、この問題について、

「条例は、公安委員会の裁量権が認められていた勧告について、県民に分かり易《やす》く明文化したもの。県警では16年3月の改正条例施行以前から、暴力団との関係を遮断す

る意思を有すると認められる事業者については、公安委の勧告の対象としない、指名停止及び下請け排除に関する県など自治体に対する通知（通報）の対象としないこととしており、建設業者らに広く周知している」

と語り、いずれも12年9月15日付の毎日新聞と西日本新聞の朝刊記事を筆者に示した。

毎日の見出しは「絶て暴力！：福岡県警、過去の関係不問　不当要求相談、事業者に呼びかけ」、西日本は「なくせ　暴力＝みかじめ料払い　条例違反問わず　福岡県警『関係断つなら』」。

2つの記事が掲載されたのは、工藤會による標章掲示店への襲撃が続発し、県警の被害者対応が問われ始めていたころだ。それが、県警をして新たな建設業者対応へと舵《かじ》を切らせる追い風になったということだろうか。

暴力団「統治」新時代

工藤會事件を取材して見えてきたことは、警察や行政側が安易に市民を暴力団追放、排除の運動に「動員」するのは危険だということだ。

捜査、行政を含めた暴力団対策の現実を最もよく知る福岡県暴追センター専務理事の尾上芳信は福岡県警刑事部長だった2021年8月17日、筆者にこう語った。

「暴力団追放の市民運動は結局、警察主導。市民が自発的に、前面に立ってやっているわけではない。運動と取締りは暴排の両輪というが、取締りが先行しないと暴排は進まない。野村がつかまったから、暴排は進んだ。何もない状況で市民に参加を呼び掛けても絶対に無理。暴排の標章を掲示した飲食店や、暴追運動の先頭に立った自治会長が襲撃されたりしたのでは、みな力が入らない」

本来、市民運動は、市民の自治の中から生まれるべきものだ。しかし、「犯罪のプロ」である暴力団＝反社勢力は、普通の市民運動で立ち向かえる相手ではない。やはり、犯罪摘発のプロであり、武装もできる警察が前面に立つべきだ。

暴力団のような反社勢力から社会を守る方法は2つしかないと筆者は考える。

ひとつは、米国のように、国家が暴力団の結社の自由を認めず参加者には厳しい制裁を加えるスタイル。それを担保するため、実体法や手続法を整備し、捜査の武器を強化する。

もうひとつは、結社すること自体は認め、治安を担う警察・検察当局が一定の管理をして、暴力団への新規参入を抑え、時間をかけて衰退させるスタイルだ。歴史的、文化的背景もあって日本は後者を選んだ。「管理」スタイルによる暴力団統治は一定の成功を収めてきた。1980年代まで警視庁や大阪府警などには、山口組、稲川会など暴力団ごとに組織の内情に通じたベテラン刑事がいて、抗争があると、電話一本で抗争の実行犯の組員を出頭させ、手打ちさせた。たまに、刑事が暴力団に取り込まれ、捜査情報を流すなどの不祥事もあったが、その都度、国民に頭を下げ、格安のコストで反社勢力をコントロールしてきたのだ。

しかし、1990年前後のバブルの膨張と崩壊で暴力団ビジネスは大きく変化し、従来の手法では抑えきれなくなった。暴力団との癒着に対する国民の視線は次第に厳しくなり、それもあって、警察庁は暴力団統治のスタイルを大きく転換した。

92年施行の暴力団対策法導入に象徴される、刑事手続きと行政規制の両輪で暴力団を抑え込む手法だ。数次の法改正で民事訴訟での暴力団トップの共同不法行為責任の立証を容易にし、トップの使用者責任も認める判例も増えた。一方、刑事手続きでも、警護役の組員との拳銃《けんじゅう》の共同所持でトップを共謀共同正犯に問うなど判例を積み重ね、「暴力団の現実」に対する裁判所の理解も進んだ。

そうした中で、市民テロと化した工藤會の暴走を、警察と検察は、刑事手続きと行政規制を駆使して抑え込んだ。それが福岡県警の工藤會頂上作戦だった。

ただ、野村らに対する一審判決後、市民運動を担う団体幹部から「ヤクザはやっつけてほしいけど、直接的な共謀の証拠がない中、間接証拠による『推認』で有罪とできるとなると、私たちのような団体が国家権力から睨《にら》まれたとき、簡単に摘発されるのではないかとの恐怖がある」という声も聞いた。

暴力団がからむ事件は、トップと実行犯の共謀を示す直接証拠の収集が難しい。間接証拠による推認で事実認定するのはある程度、やむを得ない面がある。ただ、治安目的が先行し、手続きがおろそかになると、別の危険が生まれる。

治安維持法による弾圧で国民を苦しめた戦前の暗い世界の例もある。それを防ぐカギは、これまで何度も指摘してきた法執行における適正手続きの厳守だ。釈迦《しゃか》に説法ではあるが、暴力団対策にかかわる刑事や検事はもちろん、法の支配の最後の砦《とりで》である裁判官はそこを肝に銘じるべきである。

単行本版あとがき

工藤會に対する警察、検察の「頂上作戦」はひとまず成功した。北九州市では市民テロがなくなり、組事務所も相次いで撤去された。市民は安心・安全を実感し、企業も街に戻る気配が見え始めた。ただ、正直にいうと、工藤會問題を取材すればするほど、気持ちは暗くなった。

工藤會自体がなくなったわけではない。そして、工藤會を生み、存続させてきた地域の社会・経済構造は何も変わっていないと思うからだ。捜査当局による取締りは対症療法にすぎない。取締りが緩めば、息を吹き返し、また警察とのいたちごっこが始まるのではないか――、そういう気がしてならないのだ。

「頂上作戦」を機に、組織を離脱した元組員の再就職、地域への受け入れは進んでいない。

県警の資料によると、県警などの支援を受けて離脱した福岡県の暴力団の元組員は、2012年が47人、13年42人、14年65人、15年127人、16年131人となった。県警の別の統計では、14年9月〜年末で25人（うち工藤會系離脱者は6人）、15年中で127人（同49人）、16年1〜4月末で48人（同15人）だった。

一方、離脱組員に対する就労支援は12年が3人、13年6人、14年7人、15年10人、16年16人。離脱者に比べて、圧倒的に就労者の数が少ないことがわかる。

組織から報復される恐れが少ない県外での再就職先の開拓が進まないこと、企業や地域社会の意識の問題などが背景にあるのだろう。しかし、地域で受け入れられ、働き口の保証がなければ、暴力団組員は離脱したくても離脱できない。

孤立し行き場を失っている若者も少なくないといわれる。彼らや元組員が暴力団や半グレ集団に吸い込まれてしまえば、元の木阿弥《もくあみ》。再び、反社会的勢力は勢いを取り戻し、市民の安心安全を脅《おびや》かすことになるのではないか。

離脱組員や不安定な若者を、仲間として受け入れ、悪の道に進ませない社会の仕組み、セーフティネットが必要だ。警察・自治体が主導する暴排運動だけでそれを構築するのが難しいことは、工藤會事件の顚末《てんまつ》をみれば明らかだ。「負の構造」を変えるには、地域の抜本的な「社会改革」が必要なのではないか。それを実現するには、どうすればいいのか。

その答えを求め、21年12月初め、東京・新橋のホテルで、ある人物に会った。

「全員参加の地域社会」で解決へ

本文でも取り上げた、工藤會本部事務所跡地を買い取ったNPO法人「抱樸《ほうぼく》」理事長の奥田知志である。

本部跡地を活用した地域共生社会を目指す「希望のまちプロジェクト」を推進するため全国を飛び回る。その合間を縫い、重い資料を下げて現れた奥田に、まず、

「『希望のまちプロジェクト』で工藤會問題は解決すると思いますか」

と問いかけた。奥田は一瞬考え、こう答えた。

「北九州に長く住み、困窮者支援に取り組む中で、格差、貧困、不平等がその根っこにあることに気付いた。工藤會問題もその連鎖から抜けられない。最低限、食べていける糧《かて》の確保はもちろんだが、生きづらさを抱えた人に居場所と出番を与え、孤立させないこと、困ったら助けを求められる全員参加型の地域社会をつくることが、解決への第一歩ではないか。『希望のまちプロジェクト』は、それを実現する場となると考えています」

奥田は1963年、大津市生まれ。友人に誘われて教会に通い、中学2年生でキリスト教の洗礼を受けた。関西学院大学神学部1年生のときから大阪市西成区の「釜《かま》ヶ

崎《さき》」で日雇い労働者を支援。当時は、仕事にあぶれた労働者が昼間から酒をあおり、行路病死も多かった。悲惨を絵に描いたような光景だ。

「神様はどこにいるのか」

その答えを求め、奥田は「このおじさんたちと一緒に神様を探す」と決めた。

福岡市の西南学院大学大学院時代の88年から路上生活者支援を始め、90年、北九州市の東八幡キリスト教会の牧師となった。同市内での夜の炊《た》き出しと巡回、さらに家に住めるよう自立を支援した。北九州市の路上生活者追い出しに抗議し、拡声機で「殺人行政」と叫びながら市役所に突入した武勇伝もあったという。

2000年、本格的に支援に取り組むためNPO法人「北九州ホームレス支援機構」を設立。理事長に就任した。機構は14年に「抱樸」と名称変更した。判決で知的障害と認められながら療育手帳がとれず、服役して出所した直後に放火した被告人の身元引受人になった。10年からは刑務所出所者のための「福岡県地域生活定着支援センター」を担《にな》っている。

抱樸のHP（22年春当時）によると、支援で家に住めるようになった路上生活者は34年間で3750人。延べ14万5204件の身の上相談を受けた。保健・医療支援、就労支援、障害福祉など27の事業を行い、登録ボランティアは1923人を数える。いわば「福祉の総合商社」。その活動はＮＨＫや民放で何度も、取り上げられてきた。

「怖いまち」から「希望のまち」へ

抱樸は、福祉施設を核とした全世代型の福祉拠点を北九州市で建設することをかねてから構想していた。そこに飛び込んできたのが、北九州市が工藤會本部事務所の土地を差し押さえ、更地となった跡地を民間企業が1億円で購入したというニュースだった。奥田は、すぐ北九州市の担当者に連絡。企業と折衝し、その土地を抱樸が購入することを決めた。

工藤會側は、滞納を理由に土地を取り上げられたことに不満を持っているとみられた。トップら幹部が軒並み、身柄拘束中とはいえ、数百人の組員が残っていた。さすがの奥田も緊張した。

最初に購入した企業に対し県警が厳重な警備態勢を敷いていた。その企業の社長から「奥田さんも頼んだ方がいいよ」といわれたが、「ＮＰＯの事務所や住んでいる教会に警官がいるのは変。(工藤會が襲撃に)来たら来た時だ」と腹をくくった。

ただ、工藤會側に睨《にら》みを利《き》かす「後ろ盾」として、当時検事総長だった林眞琴に、

「希望のまち応援団」に加わってもらった。林とは、再犯防止運動などを通じ面識があった。応援団顧問の村木厚子とともに検事総長室を訪ねて依頼すると、「わかった。明日から名前出していいから」と即断即決で了解してくれた。元警察庁長官で日本国際警察協会会長の金髙雅仁も名を連ねてくれた。

新たに社会福祉法人・抱樸を立ち上げ、「怖いまち」の象徴であった工藤會本部跡地に救護施設を作り、若者、高齢者から、生活困窮者、障害者まで生きづらさを抱えた人々すべてを支援して「希望のまち」にするという奥田のアイデアに、行政も地域住民ももろ手を挙げて賛同した。企業も大歓迎だった。地元の業界団体の世話役の社長は、

「北九州は、商売している人からみると、ポテンシャルが高い街。だめになったのは工藤會がいたから。大きな建物一つ建てると必ず、工藤會が出てきた。もう北九州はいやだと逃げ出した。それがある程度解決し、これから企業が戻る。抱樸はその先陣を切った。工藤會跡地を希望の街、福祉の街に変えるぞと声を上げた。それが企業の人たちにすごくアピールし、企業が戻る呼び水になる」

と奥田に期待を語ったという。

原点は31年前の中学生ホームレス襲撃

人が生きづらさを感じ、絶望するのは、食えるか食えないかではない。「居場所」と「出番」がないときだ、と奥田が初めて気づいたのは、1990年、工藤會本部から徒歩で5分もかからない高架下で起きた中学生による路上生活者襲撃事件だった。

寝ている上から一升瓶やコンクリートブロックを投げ落とす、命にかかわる非行事件だった。

相談を受けた奥田が中学校の校長に善処を申し入れると、校長は、

「わかった。いまから全校生徒の写真を見せるから、誰が犯人か言ってくれ」

これに奥田はかちんときた。

「ここは教育機関。警察ではない。石を投げている子は一部かもしれないが、ホームレスはいない方がいいと思っている子は少なくない。生徒に話をさせて」

と依頼したが、校長は「まず犯人処分」と折り合わなかった。

後日、被害者は奥田に、

「考えてみたら、夜中の1時や2時に自転車で襲いに来る。家はあっても、帰るとこ

ろがない。親がいても誰からも心配されていない。そういう奴《やつ》の気持ち、俺、わかるよ」

とつぶやいた。目から鱗《うろこ》が落ちた。

そうか「ホームレス」と「ハウスレス」は違うんだ、と。経済的、物理的には困窮していなくても、帰る場所がなく、心配し、期待してくれる人がいない、つまり「居場所」と「出番」のない者こそがホームレスなのだ、と。

以来、そういう人たちに寄り添い、伴走することで、その人たちが自分の生きる意味を見出し、逆に、支援する側に回るような仕組みづくりをめざしてきた。

ヤクザ組織に代わる受け皿に

奥田はいう。

「襲撃したあの中学生たちはどうなったのか、もしかすると、ヤクザ組織が、彼らのような、居場所と出番がなかった若者に『仮のホーム』を提供する受け皿になったのではないか、と考えるようになった」

ヤクザは究極の「疑似家族」。親分子分と兄弟分。それぞれが血の盟約を結ぶ。

「兄貴分は、若者に小遣いを与え、焼肉をおごり、そして、ある日、ちょっと困っている、手伝ってくれないか、と出番を与える。つまり、（襲撃に）いってこい。あるいは、この荷物（銃器や薬物）を届けてこい、と」

いったん罪を犯すと、より深みにはまり、抜け出すのは困難になり、自分も、兄貴分と同じことを繰り返すようになる。

「ヤクザでしか自己実現できない社会はおかしい。疎外《そがい》された若者らを受け入れ、役割と出番を作り、地域全体を家族にする。顔が見えて、お互いが支え合える街をつくれば、ヤクザになる必要はない。食いっぱぐれがない。生活の相談に乗れる。お前、来てくれ、手伝ってくれ、とお互いに言えるような仕組み。これをつくれば、ヤクザ組織もなくなる」

奥田にとって、その「受け皿」が「希望のまちプロジェクト」だったのだ。

実は、筆者に抱樸の存在を教えてくれたのは２０２１年12月当時、高知地検次席検事だった上田敏晴である。5年にわたり、工藤會事件の捜査・公判に従事し、被害者遺族や工藤會の現・元組員多数を取り調べ、工藤會問題の本質を最もよく知るひとりだ。その上田は、抱樸の運動に共鳴し、激務の合間を縫って、ボランティアで炊き出しを手伝い、街頭募金にも立ってきた。

抱樸の名の由来

「抱樸」は「老子」の言葉。「樸」は、伐り出したばかりの原木のことだ。奥田は、その原木をそのまま、ありのまま受け止める、という思いを込めてNPOの名前にしたという。

「ささくれだった原木を抱くと、傷つき、血を流す。しかし、抱きあって血を流すのがこの社会。大きく傷つくと、命にかかわるが、ちょこっとした傷は痛痒《いたがゆ》いですむ。再分配のため、皆が傷、つまり負担を共有する、それが社会なんだ、と」

奥田が、これまでの活動の集大成と位置付ける「希望のまちプロジェクト」は、全体で10億円かかる（当時）という。一部、国のカネが出るが、半分以上は自力で集める計画だ。

「フル回転で市内の企業や個人を回り、多少、みなさん、お金を出しませんか、と抱樸の精神で寄付のお願いをする。そして、30年来の宿題を果たしたい」

これまでも、財政ピンチを寄付金で乗り切ってきた奥田。その声はどこまでも明るかった。

ちなみに、その後の資材高騰《こうとう》などで事業費がふくらんだため、抱樸はクラウドファンディングで寄付を募っている（24年10月現在）。抱樸の連絡先は https://www.houboku.net。寄付金控除対象となる認定NPO法人で、所得税の控除を受けることができる。

謝辞

この本を書くきっかけは、『週刊新潮』２０２１年3月25日号に寄稿した「『暴力団工藤会壊滅作戦』に命を捧《ささ》げた『検事』の波瀾《はらん》万丈」の記事だった。福岡地検検事正として工藤會事件の捜査を指揮し、退官後の20年3月に亡《な》くなった土持敏裕さんを追悼するものだ。

その記事をきっかけに、新潮社出版企画部の岡田葉二朗さんから工藤會事件に焦点を当てたものを書かないか、とのご提案があり、お引き受けした。

「はじめに」でも記したように、大阪地検の不祥事で供述調書に頼る検察の捜査モデルが壊れ、多くの検事が自信を失い、事件摘発に消極的になる中、工藤會事件に挑んだ検事たちは「普通に捜査して」暴力団トップがかかわる組織犯罪摘発という難関を突破した。それは、検察にとっては大きな希望となった。いずれ、その捜査の実態に肉薄してみたいと思っていたからだ。

週刊新潮編集部の佐々木崇浩さんには、一部の取材でお手伝いいただいた。コロナ禍の中、快く取材に応じてくださった現職、ＯＢの検事や警察官のみなさまに深く感謝する。あなた方のご協力がなければこの本が世に出ることはなかった。

なお、筆者は２０１６年、朝日新聞のインターネット新聞「法と経済のジャーナル」（現・「論座」内）に「警察・検察vs.工藤会」と題する連載記事を寄稿し、梶原國弘射殺事件を中心に当時の捜査、事件の背景となった白島石油基地をめぐる疑惑などを報告した。本書のうち、文章末の（＊）で示した第2章の小見出し「産業国策が生んだ『花と龍《りゅう》』の土壌」「工藤會の歴史」「反社テロの系譜」についてはその連載記事の一部を下敷きにし、第4章の「原点は洋上石油基地利権」「政界と暴力団に工作」の記述については、連載記事の一部（２０１６年4月6日、同20日、5月18日掲載）を引用した。

第11章　工藤會事件のその後

本書単行本が上梓《じょうし》された2022年6月から文庫版追補締め切りの24年10月までの間に起きた工藤會頂上作戦の後日談を記しておこう。

控訴審で元漁協組合長事件は一転無罪に

まず、市民襲撃4事件で工藤會トップの総裁、野村悟に死刑、ナンバー2で会長の田上不美夫に無期懲役刑を言い渡した福岡地裁判決（21年8月24日）のその後。

野村、田上の控訴を受け4事件を審理してきた福岡高裁は24年3月12日、検察、警察側を愕然《がくぜん》とさせる判決をくだした。

唯一《ゆいいつ》の殺人既遂事件である1998年の元漁協組合長、梶原國弘射殺事件について

「〈野村と〉実行犯との共謀は認められない」として野村を無罪とする一方、残る3事件は有罪と認定。野村に対する一審の死刑判決を破棄し改めて無期懲役を言い渡したのだ。

高裁は、梶原事件が98年当時、工藤連合の2次団体だった三代目田中組（野村が序列1位の組長、田上が第2位の若頭）による組織的犯行とは認めたものの、当時の田中組の意思決定のあり方や野村の動機などの立証が不十分で、「実行犯と野村の共謀を推認するには限界がある」とし、一審判決を「論理則、経験則等に照らし是認することができない」と切り捨てた。

一方、2012年以降に起きた他の3事件については、梶原事件のころとは状況が変わり、工藤會は野村を頂点に厳格な序列で運営される組織となり、野村、田上の了承なしに重要事件を起こす余地はなかった、として2人と実行役の組員らとの共謀を認定した。

田上については、梶原事件当時、射殺された梶原の親族に港湾利権の獲得目的で接触していたことなどから、同事件の実行犯との共謀を認定。他の3事件も含め一審の無期懲役判決を支持し、控訴を棄却した。

「想定外」の衝撃

野村が梶原事件で逆転無罪となったことは、多くの検察、警察関係者にとって想定外のできごとだった。全面無罪を主張する弁護側との控訴審での攻防を制し、一審判決維持は確実と受け止めていたのだ。

野村側は一審判決後、オウム真理教事件など多くの死刑求刑事件で弁護人を務めた弁護士の安田好弘らを新たに弁護団に選任。再び、無罪を争った。控訴審では、弁護側証人として梶原事件の実行犯として有罪が確定し服役中の元組幹部、中村数年が出廷。無期懲役判決が確定した自らの裁判では犯行を否定していた中村は「自分が実行犯である」と認めたうえで「(事件は)被害者への個人的な恨みで起こした。トップは関係ない」と述べた(西日本新聞3月13日朝刊「読み解く」、記事は中村を元組員と記述)。

弁護側は、この20年以上たっての中村の「自白」を踏まえ「組織が関与しない個人的犯行だった」と主張した。

しかし、弁護側が控訴審の前に提出した書面で、中村が「別の組員を名指しして『彼が真犯人』と説明」(同)したのが仇《あだ》となった。この別の組員は「当時、刑務所にいたことが検察側の指摘で判明」(同)。証言の信憑性《しんぴょうせい》に疑問符がつき、検察側は、

「(弁護側は)墓穴を掘った」と受け止めていた。

一審で全事件への関与を否定したナンバー2の田上は、野村をかばうためか控訴審の被告人質問では、4事件のうち12年以降に起きた看護師事件と歯科医師事件について「(被害者を)傷付けるように(自分が)指示した。(野村は)全く知らなかった。(野村を)裁判に巻き込んでしまい申し訳ない気持ちです」と一転、独断で配下組員に犯行を指示したと供述した。

これについても、検察側は、野村と一心同体の田上が犯行指示を認めたことで逆に野村の関与の印象が強まったと受け止めていた。

「梶原事件当時の田中組の重要な意思決定システムの立証不十分」を理由とした高裁の無罪判断は、検察側としては、まさに不意打ちを食った格好だったのだ。

検察幹部は「『憶《おぼ》えとけよ』の脅しが効いているのかな……」と訝《いぶか》しんだ

福岡県警で頂上作戦の最前線で捜査を指揮した元県警刑事部長の尾上芳信は「腑《ふ》に落ちない、納得がいかない判決だ。(梶原事件についても、共謀を立証する)間接証拠はあるといいたい。当然、県警も検察に協力して(上告審で)戦うことになる」と憤慨。

福岡高検幹部として控訴審の公判の経過を見守り、その後、別の高検幹部となった検察幹部は「地裁の裁判長は覚悟を決めて死刑判決をくだしたのに、梯子《はしご》をはずすのもいいところ。（野村の）『憶えとけよ』の脅しが効いているのかな……」と訝しんだ。

野村の「脅し」とは、一審判決言い渡し直後、野村が裁判長の足立勉に対し「推認、推認」「公正な判断をお願いしてたのに、全然公正じゃない」「生涯後悔するよ」などと「捨て台詞《ぜりふ》」を投げかけたことを指す。検察幹部は、「命を狙《ねら》われる」恐怖が高裁裁判官の無罪判断の裏にあるのでは、と勘繰ったのだ。

「梶原事件と他の3事件の時期が離れ、工藤會組織の権力構造は若干違っていた。そこはひとつの論点ではあったが、高裁は一審の認定が経験則に反し不合理だと言っちゃった。検察としては、合理的な判断で有罪を確信して起訴し、死刑を求刑した。無罪といわれたら、上告するしかないですね」

高裁判決の「野村の共謀を認めた（一審判決の）判断は論理則、経験則等に照らし是認することができない」という表現は、上級審が下級審の結論を変更するときの常《じょう》套《とう》文言のひとつだが、法律のプロとしては、「無知」「能なし」といわれたに等しい。

その言葉は、足立ら一審の裁判官だけでなく検察や警察にも向けられたものと検察側は受け止めた。

検察側、被告側とも控訴審判決を不服として上告した。

大手社説は沈黙、地方紙の一部は高裁判決を高評価

控訴審判決に対するマスコミの反応は複雑だった。

野村に死刑を言い渡した一審判決時には、「市民への刃　許さぬ決意」（朝日）、「組織犯罪の抑止効果は大きい」（読売）、「市民襲撃への厳しい糾弾《きゅうだん》」（毎日）と社説で判決を積極評価した全国紙大手3社は、唯一の射殺事件を無罪とした控訴審判決については社説で取り上げなかった。

一方、信濃毎日新聞は3月14日の社説で「直接の証拠がないのに、犯罪に関与したと『推認』して処罰することは、刑罰権の乱用につながる危うさをはらむ。そのことを重く見た判断だろう」と射殺事件で無罪を言い渡した高裁判決を評価。

さらに、「刑罰権の行使に対する縛りが緩めば、暴力団以外にもその影響は及ぶ。市民の不当な逮捕や処罰につながりかねない。それは人権保障の根幹を危うくし、民主主義の基盤を揺るがす。一審の推認の根拠を見直した高裁判決の意味を再確認したい」と踏み込んだ。

地元の西日本新聞も同日の社説「重い有罪維持　壊滅に進め」で、同様に「いかなる刑事裁判でも、精緻《せいち》な有罪立証が不可欠であることを、捜査当局は改めて肝に銘じ

てほしい」としつつ、「一概に推認を否定しなかったことは、今後の暴力団捜査や組織犯罪対策に大きな意味を持つことになろう。（略）暴力団という特異な組織を巡る立証責任を、最高裁がどう判断するか注視したい」と指摘した。

大手を含めマスコミ各社の雑報の論調は、多少のニュアンスの違いはあるが、梶原事件の無罪について「疑わしきは被告人の利益に」という刑事裁判の大原則の下、高裁は高度な立証を求めたと受け止め、その他の3事件について間接証拠の積み重ねで共謀を推認したことを評価した。

無罪判決は捜査批判には向かわず

通常、刑事裁判で無罪判決が出ると、マスコミは「人権無視の見込み捜査」などと警察、検察を厳しく批判する。まして死刑判決の逆転無罪ともなれば、凄《すさ》まじい捜査批判が起きても不思議ではなかった。しかし、野村の事件については、それはほとんどなかった。これは珍しいことだった。

頂上作戦前の工藤會の身勝手な市民テロの凄惨《せいさん》さ、その工藤會を取り仕切ってきた野村の責任の重さから、単純に「人権を軽視した捜査の被害者」とみることには抵抗があったと思われる。

頂上作戦にかける警察、検察側の覚悟も知っていた。最初の逮捕事件である梶原事件捜査でもし、勇み足があったとしても、それは凶暴な猛獣を取り込むために必要な手順だったのではないか、くらいの「暗黙」の受け止めに近いものがあったのかもしれない。

そして、それは多くの市民にも共通するものだったのではないか。

とはいえ、有罪を確信して梶原事件を起訴した検察、そして頂上作戦の現場捜査を担った福岡県警にとって野村の一部無罪判決は受け入れられるものではなかった。

無罪を許容できない検察と警察現場

工藤會は「鉄の結束」といわれる組織力を誇り、事件に関わる情報を外部に漏らせば家族にも危害が及ぶとの恐怖心で組員を支配した。そのため、県警が組員を逮捕しても、上層部との共謀関係を立証するのは困難を極めた。

その隘路《あいろ》を突破するために福岡県警が編み出したのが、「まず、頭（工藤會トップの身柄）をとる」――工藤會頂上作戦だった。野村、田上の身柄を押さえて組員たちから隔離し、一生監獄から出さない、と強い決意を示す。それが工藤會側に浸透すれば手足の組員は捜査に協力して未解決事件の解明は進み、同時に襲撃も収まる――。

そして、その突破口として選んだ梶原事件は、頂上作戦の16年前に発生。その当時の捜査で野村、田上は不問となり、実行犯の田中組組員の刑が確定。従来の検察の基準では、一度終わった「通常は無理筋の事件」（検察幹部）だった。

野村、田上の身柄を拘束する事件を探していた県警や福岡地検小倉支部の検事らは、実行犯の公判記録や捜査記録に注目。組員らの新たな供述などの間接事実で野村、田上と実行犯との共犯が成立すると見込み、証拠収集の困難を理由に捜査に消極的な福岡高検や最高検を強く説得。最終的に検察の総意として着手にこぎつけた。

これまで詳述したように、工藤會頂上作戦は、警察、検察が総力を挙げた「国策捜査」だった。梶原事件はその「肝」とも言える事件だった。裁判所も捜査側の意気に応《こた》え、最高裁は野村、田上の裁判の審理に万全を期すため、東京高裁管内のエリート裁判官・足立勉を横浜地裁から福岡地裁に送り込んだ。

足立は、検察側の事件の構成や証拠を慎重に吟味したうえで、最終的に検察の見立てに沿って間接事実で野村と実行犯の共謀を認定。「腹をくくって」（松井巖・元福岡高検検事長）野村に極刑を言い渡した。

そういう経緯からしても、検察にとって、梶原事件は、死刑か無期懲役かという量刑はさておき、無罪になってはいけない事件だったのだ。

「間接証拠で共謀認定」で実はとった警察、検察

一方、治安行政に責任を持つ政府や警察庁の上層部には、現場の検事や刑事とは別の感慨があったかもしれない。ひとことでいえば、「野村について一部が無罪となったのは残念だが、殺人未遂の3事件で無期懲役なら御の字。十分、元はとれた」ということ。それが本音ではなかったか。

2014年秋に工藤會頂上作戦を始めてから10年間、警察、検察側は、工藤會の司令塔であり心臓でもあった野村、田上を勾留《こうりゅう》し続け、組員から隔離することに成功。その間に、組員を各個撃破し多くの市民襲撃事件を解明した。

その結果、北九州地域の市民や企業への襲撃事件はなくなり、治安当局として存在意義を問われた「今そこにある危機」は去った。今後も、野村らの裁判は長引くことが予想され、流れからして裁判中は野村、田上は獄中にとどめられる公算が大きい。その間、配下の組員とは連絡ができず、組員らが活性化する危険性は低い。

しかも、頂上作戦のもうひとつの果実として、実行犯との直接的共謀の証拠がなくても、間接証拠から組織トップとの共謀を認定する判例を高裁でも得た。これは暴力団捜査などで強力な武器となり得る。結果として大成功といえるのではないか……。

それらの思いは、福岡地検刑事部長として工藤會関連の捜査経験があり、警察の事情に詳しい弁護士の高井康行が西日本新聞3月13日朝刊「読み解く」で語った以下のコメントに凝縮されている。

「元漁協組合長射殺事件は無罪だったとはいえ、他の3事件は一審を是認してトップである野村悟被告の関与を認めた。直接的な証拠が少なくても、間接証拠を積み重ね、合理的な推認で有罪を維持したことは今後の暴力団捜査や組織犯罪対策にとって武器になる。指揮命令系統が明確で規律が堅い暴力団であれば、工藤会以外にもこの捜査手法は通用するだろう。最近は『半グレ』など、強固な組織性が見えない集団による犯罪が増えており、自白を得るのも難しい。実態把握を続ける粘り強い捜査が求められる」

「野村、田上の工藤會ゆえの特殊事件」

実は、工藤會頂上作戦の取材をしていて、ずっと引っ掛かっていたことがある。凄惨を極めた工藤會の市民テロを刑事手続きで制圧するには、間接証拠を積み重ねて工藤會トップを実行犯との共犯で逮捕するしか手はなかったと思う反面、この捜査手法が政治家や企業、労働組合などが絡《から》む組織的な事件――例えば、政治家と秘書がかかわる政治資金規正法の虚偽記載事件、大企業の組織的背任事件、労働争議事件などに適用されると、危ないのではないか、との思いをぬぐえなかったのである。前述した福岡高裁判決に対して信濃毎日新聞社説が指摘したのと同じ問題意識といってよい。

それらの事件は概して複雑な背景があり、政治や経済活動の自由がからむ。それゆえ、当局の捜査は慎重でなければならないという「相場観」が形成されてきた。安易な摘発は冤罪《えんざい》を生むだけでなく、社会を混乱させる恐れもあるからだ。

この筆者の懸念《けねん》について、工藤會公判に詳しい先の検察幹部は次のように答えた。

「工藤會は普通のヤクザとは違う。あの論理（間接証拠による共謀認定）は他のヤクザにも当てはまらない。ありとあらゆる事件で、となってしまうので、一般化はできない。あくまでも、あの時期の野村、田上の体制の工藤會だから、と考えていた」

要は、検察としては、野村、田上統治時代の工藤會という特異な無法グループに対する限定戦争ゆえ、特例的な法解釈も許容されると考えていた、ということだ。

「特殊事情要件」の明示が必要では

なるほど、と腑に落ちるところがあった。実際、野村＝工藤會追及で威力を発揮した所得税法違反（脱税）の適用について、法務省刑事局や国税当局は、他の脱税案件には適用しない、つまり「工藤會限り」の枠をはめたとも聞いていた。それとも符合する。

この検察幹部を含め工藤會事件にかかわった検察、警察幹部らが「野村の工藤會ゆえに適用できる特殊な手法」と考えていたことは間違いなかろう。しかし、元検事の高井は高裁判決について「今後の暴力団捜査や組織犯罪対策にとって武器になる。指揮命令系統が明確で規律が堅い暴力団であれば、工藤会以外にもこの捜査手法は通用するだろう」と指摘した。

その指摘を待つまでもなく、警察当局はこの手法を暴力団や半グレ集団の事件、それに、最近頻発するSNSで募集した闇《やみ》バイトを使って詐欺《さぎ》、強盗、果ては殺人まで繰り返す「匿名《とくめい》・流動型犯罪グループ」（トクリュウ）など新たな組織犯罪摘発に積極活用すべく手ぐすね引いているのではないか。

悪知恵にたけた反社会的勢力を野放しにしないため、そこまでは許容すべきなのかもしれない。しかし、問題は、判例ができると、一人歩きする恐れがあることだ。

先に上げたような、従来の共謀認定基準では解明が難しいホワイトカラーの重大な組織的犯罪に直面した検察、警察が、世論に押され、あるいは、個人や組織の功名心のために、工藤會事件の共謀認定基準を適用して摘発に乗り出す可能性はないか。もし、そうなると極めて危険だ。高裁はそこを意識しているがゆえに、あえて、ミクロにこだわって間接事実による推認力を限定解釈し、歯止めをかけた、とも受け取れる。

この捜査手法の適用は慎重であるべきだと考えている。適用判断を捜査当局の完全裁量にゆだねるのは危険だ。「乱用」を防ぐためにも、推認力の射程の一層の明確化とともに、この手法を適用できる事件や関係者の「特殊事情」の基準を客観的に明示する必要があるのではないか。工藤會事件の上告審では、最高裁にはそこも判断してほしいと考えている。

「お蔵入り」の元組員の核心供述の行方

上告審で検察側は野村について梶原事件の逆転有罪＝極刑を求め、対する弁護側は完全無罪を求めて争うことが予想される。焦点は、検察側が、梶原事件当時の田中組の重大意思決定システムに野村が関与していたとの立証ができるかどうか。そのために、県警による野村の関与を示唆《しさ》する新証拠の掘り起こしが必要になるとみられる。

それでひとつ思い出したことがあった。

検察側が、野村が梶原射殺事件に直接的に関与した疑いが濃厚と見立てる根拠のひとつとしながらお蔵入りさせた工藤會元組員の供述である。

本書第5章で触れたが、検察はある元組員から、梶原射殺の約1週間前、工藤連合田中組組長だった野村が、当時の工藤連合草野一家トップの溝下秀男に面会した後、田上に携帯で電話をかけ、「話は終わった。今から中村（数年、射殺実行犯と認定され無期懲役刑が確定、服役中に病死）と古口（信一、見届け役などと認定され懲役20年の刑が確定、服役中）を紺屋町（田中組の事務所）に呼んでおけ」と指示するのを聞いた、との供述を得た。

話の前後関係からして野村が梶原襲撃についてトップの溝下の了解をとり、そのうえで実行犯に犯行を指示していたとも受け取れる、事件の核心に迫る供述だった。

検察が野村らの公判でこの元組員の供述調書の証拠申請を見送り、元組員の証人申請もしなかったのは、元組員を証人に立てると、供述の骨格は揺るがないとしても、弁護側組員の攻撃で元組員の証言の信憑性が傷つく恐れがあり、そうなると、野村の関与を含め、検察の立証全体に対する裁判所の心証が悪くなることなどを恐れたためだった。

今更ながらではあるが、この元組員の供述を証拠請求し、採用されていれば、野村が「共謀に関与していないとすれば合理的に説明のつかない事情」の一つとなった可能性が大だったのではないか。

この記事の執筆時点で検察側が上告審にこの元組員の供述調書を改めて証拠申請するかどうかは不明だが、少なくとも、梶原事件での有罪獲得に向けた検察側の主張を補強する材料のひとつになるのではないかと思われる。

「もう一つの工藤會事件」――王将事件の実行犯逮捕

捜査関係者やマスコミの間で「もうひとつの工藤會事件」といわれた上場企業経営者の暗殺事件の捜査にも進展があった。

「餃子《ぎょうざ》の王将」を全国展開する東証1部上場の王将フードサービス社長の大東隆行《おおひがしたかゆき》が2013年12月19日早朝、京都市内の同社の駐車場で何者かに射殺された事件である。

京都府警と福岡県警の合同捜査本部は事件発生から9年後の22年10月28日、工藤會の二次団体、石田組本部長の田中幸雄を大東に対する殺人容疑で逮捕した。田中は08年1月に福岡市で大林組九州支店社員ら3人が乗った車を銃撃したとして18年6月、福岡県警に逮捕され、実刑判決が確定し福岡刑務所で服役中だった。

現場付近に残された遺留物から田中のDNAが検出され、犯行に使われたバイクの盗難現場の防犯カメラに田中らしき人物の映像があった。バイク窃盗《せっとう》に使った車を田中に貸したという供述もあった。しかし、田中の殺人を示す直接証拠はまったくなかった。そういう中での逮捕だった。

しかし、事件の送致を受けた京都地検はそれらの間接証拠の合わせ技で田中の殺人の罪を認定できると判断。11月18日、田中を殺人と銃刀法違反の罪で起訴した。起訴状は、田中が氏名不詳の複数人と共謀して大東を殺害しようと計画。13年12月19日午前5時46分頃、王将本社内駐車場で大東に対し、殺意をもって拳銃を発射。腹部、胸部などに命中させ殺害した――としている。

田中と王将との接点はなかった。事件は、工藤會が田中をヒットマンとして使った組織的殺人事件の疑いが濃厚だった。

検察のスポークスマンとして記者会見した京都地検次席検事の上野正晴は、福岡県警の工藤會頂上作戦が始まった14年当時、福岡地検小倉支部検事として梶原國弘射殺事件の主任検事を務め、同事件を起訴して15年4月に大阪地検に異動するまで福岡県警と協働して捜査に当たった。

上野の上司の京都地検検事正の宇川春彦も頂上作戦当時、福岡高検公安部長として上野らを指揮した。つまり、工藤會頂上作戦を支え、工藤會の実態に通じた検事たちが、京都で再び相まみえ王将事件の捜査に関わったのだ。これは偶然ではなかろう。

深い闇

王将事件の背後に広がる闇は深かった。事件発生後まもなく、王将が事件当時、取引先の企業グループ経営者の山田正雄（仮名）や創業家の元役員との間で深刻な経済トラブルを抱えていたことが判明した。山田は福岡県でゴルフ場を経営。工藤會とも接点があった。

京都府警と福岡県警は、山田が王将事件について事情を知っている可能性大とみて、工藤會や山田らの周辺を洗ったが、事件に結び付く確たる証拠はなく捜査は難航した。王将と山田らとの経済トラブルについては16年3月に公表された王将の第三者委員会の調査報告書が詳しい。

山田は、部落解放同盟の幹部の親族で、幹部の威光を背景に金融機関や大企業から支援を受け、ゴルフ場開発や国内外の不動産投資事業を幅広く展開。王将も出店に伴う建築認可などでの行政との折衝や民事紛争の解決を依頼。王将の経営拡大に貢献した。

しかし、山田の企業グループは1990年代初めのバブル崩壊で巨額の債務を抱え経営難に陥った。王将側は山田の依頼で90年代半ばから山田が抱えた国内外の不動産をめぐり「経済合理性が明らかでない取引」を繰り返す。2005年までの10年間に王将が投じた資金は約260億円。うち約170億円が回収不能になったという。

入り組んだ関係

大東は2000年に創業者一族から倒産寸前だった王将の再建を託されて社長に就任。創業家長男の会長と二男の専務は02年に引責辞任した。大東は山田と直接交渉し、取引で取得した不動産を売却するとともに巨額の債権を放棄。身軽になった王将は勢いを取り戻し、06年に大証1部に上場。さらに東証1部への上場を目指した。

ところが、大株主の創業家側が王将の役員人事を不満として大東の解任を求めるトラブルが発生。王将は創業家長男を取締役に選任したが、その際、創業家側との折衝を山田に依頼。創業家の持ち株比率を下げることにも成功し山田に謝礼を支払った。

その後も王将と創業家側とのトラブルは続き、王将は11年から12年にかけてその折衝をまた山田に依頼したが、創業家側がその事実を東証などに通知した。山田は経済界ではトラブルメーカーのイメージが強かった。

王将は、東証などに対し、山田との絶縁を宣言すると伝えたが、審査の遅延が避けられないと判断。上場申請を断念した。

大東は12年11月、社内に不適切取引に関する「再発防止委員会」を設置。取引の経緯を詳細に調査した調査報告書原案を作成。13年9月の臨時取締役会で取締役に示したが、じっくり目を通す暇《いとま》を与えず30分ほどで回収。同11月に完成した報告書は非公開とされた。大東が殺害されたのはその1カ月後だった。

「事件の重要人物」の反論

こうした事情から、府警が田中の容疑の関連で山田や元創業家役員、さらに田中が所属する石田組などの関係先を捜索し山田らから事情聴取すると、山田を事件の「重要人物」と見立てる報道があふれた。

たまりかねたか山田はNHKや朝日新聞の取材に応じ、捜査を受けていること、工藤會幹部らとの接点を認めたうえで、「大東さんが狙われる理由はまったくわからない。私には何のメリットもない」と事件への関与を全面否定した。

ちなみに、第三者委が「信頼するに足りる」と認めた「13年社内調査報告書」は、王将側の不透明な取引をめぐる会計処理について「(元王将役員がからんだ10億円の前渡金の使途不明問題など)出金先不明の取引や契約書記載のとおりの取引が行われたかについて疑問のある取引も含まれており、上記金額がそのまま（山田の）グループに実質的に交付されたのかについては疑問がある」と記述。第三者委の報告書もそれを引用している。

「DNA検出」報道で頓挫《とんざ》した合同捜査

事件発生から田中逮捕まで9年近くを要した王将事件の捜査には紆余曲折《うよきょくせつ》があった。最初の山は15年6月、現場から採取した煙草《たばこ》の吸い殻から検出されたDNAが、田中のものと一致したときだった。

福岡県警は工藤會トップに対する「頂上作戦」で14年9月に工藤會トップの総裁、野村悟とナンバー2の会長、田上不美夫らを逮捕。勢いに乗って余罪追及に乗り出していた。

トップを逮捕したことで、さしもの工藤會の結束も緩み、組員が口を開き始めていた。当時の福岡県警や福岡地検の幹部らは「カサにかかって捜査すれば、工藤會の中からもいい話が聞けるかもしれない。（王将事件捜査を）積極的にやろう、となった」と振り返る。

福岡市内のホテル経営者が、山田がゴルフ場運営会社の株式発行をめぐり虚偽の株主総会議事録などを法務局に提出したとする電磁的公正証書原本不実記録容疑で福岡地検に告発。地検も王将事件を視野に府警、県警と連携して捜査に当たることになった。

捜査は一気に、田中逮捕——背後関係や犯行動機の解明に向け動き出すとみられたが、報道が水を差した。15年12月13日朝刊で新聞各紙は一斉に、現場で採取した遺留物から検出されたＤＮＡが九州の暴力団関係者のものと一致したことを伝えた。それを受け、府警、県警とも「証拠隠滅の恐れがある」として捜査をストップしたのだ。

福岡地検は16年1月下旬、ホテル経営者の告発に基づき、密《ひそ》かに山田の関係先を捜索したが、それも報道された。京都府警、福岡県警は、それぞれ相手組織からの情報漏洩《ろうえい》を疑い、合同捜査本部立ち上げは見送られ、捜査協力にとどめることになった。関係者に対する通信傍受も、警察庁の判断でとりあえず見送りとなった。王将事件捜査は完全に勢いを失った。

上層部が「証拠が弱い」と田中逮捕に待った

次に捜査が動くのは、2年半後の18年6月。福岡県警がゼネコンの大林組社員に対する銃撃容疑で田中を逮捕したときだ。フルフェイスヘルメットにバイク。京都府警が防犯カメラ映像捜査で突き止めた王将事件の犯人の姿とそっくりだった。田中は否認のまま起訴された。

県警は、大林組事件の起訴後、王将事件についても田中を任意で取り調べたが、田中は黙秘。捜査は進まなかった。田中は勾留中の19年11月、福岡地裁で懲役10年の刑を言い渡され、20年11月の福岡高裁判決で確定。服役した。

工藤會頂上作戦の主任検事だった上野が、大阪地検、東京高検などを経て京都地検刑事部長に就任するのはこの事件の後の18年秋。上野は京都府警や京都地検にとって懸案となっていた王将事件の捜査を強くてこ入れする。

19年7月、京都府警は福岡県警と連携して田中逮捕に動く。上野は、それまでに収集した証拠――遺留物のDNAと盗難現場での防犯カメラ映像、バイク窃盗に使った車を貸したという関係者の供述などの間接証拠の合わせ技で起訴できると判断していた。京都地検刑事部長の上野は府警幹部らとともに福岡県警に出向き、旧知の刑事部長の尾上芳信らと作戦を練った。しかし、ここでも捜査は挫折する。

「京都地検検事正までは決裁がおりていたが、高検以上がそれだけでは弱い、と判断し、結局、そのままになった」（捜査関係者）

野村らの裁判の行方を懸念？

暴力団がからむ事件について間接証拠（状況証拠）による推認で有罪を勝ち取る捜査手法は裁判で次第に認知され、成熟してきた。上野らが間接証拠を積み重ねて実行犯との共謀で起訴した工藤會トップの野村の事件も、その流れの中にあった。

しかし、野村は容疑を全面否認。当時は、野村の初公判を19年10月に控え、公判前整理手続き中だった。検察の一部には、判決の行方は予断を許さないとの見方もあった。

その中での王将事件の捜査だった。決定的な証拠はなく、全体像も十分見えない中、ヒットマンだけを間接証拠で逮捕に踏み切っても有罪がとれるのか。検察上層部が慎重になったのは理解できなくはない。失敗すれば、違法捜査と叩《たた》かれ、間接証拠で訴追する捜査スタイルに冷や水をあびせることになり、ひいては、野村の判決の行方にも影響しかねないとの判断もあったのではないかと推測される。

急転ゴーサイン

それから3年3カ月。22年10月の田中逮捕は急転直下だった。

「新たな決定的な証拠があるわけではない。今回着手できたのは、検察の方で態勢が整ったから」と警察庁幹部は周辺に語った。

「検察側の態勢」とは、王将事件の立件に積極的な上野が、大阪地検刑事部長を経て22年4月に大阪高検刑事部長に異動し、同時に、王将事件の事件処理の責任者である京都地検検事正に広島地検検事正の宇川春彦が起用されたことを指す。

大阪高検刑事部長は京都地検の扱う事件の相談を受け、検察上層部との調整をする役回り。王将事件と工藤會の実態に通じ、間接証拠による推認での有罪立証に自信を持つ上野が旧知の宇川と通じ、直属の上司である検事長を説得し、最高検の了承もとりつけたというのが先の警察庁幹部の読み筋だ。宇川が検事正に就任してから急に地検の指示で証拠の見直しや理論武装などの作業が活発になったとの府警関係者の証言もあった。

宇川が検事正を務めるのは京都で4カ所目。「検事正は3カ所までが普通。広島から同格の京都に横滑りするのも珍しい」（元法務・検察幹部）。宇川が「王将事件にケリをつける」ミッションを与えられ、腹をくって京都に着任したのか、それとも法務・検察全体の人事の都合でたまたま京都に異動し、そこで王将事件に遭遇したのか。そこは定かではないが、筆者は「ケリ」説をとる。

間接証拠とはいえ実行犯の容疑者が明確に浮かんでいるのに、放置していいのか、という見方もあった。捜査関係者の間では「証拠は10年放置すると腐る」といわれる。物証は物理的に劣化し、関係者の記憶は薄れて証拠化するのが難しくなる。「王将事件」はその限界に近づいていた。

工藤會事件一審有罪判決が後押し？

ただ、検察、警察当局が王将事件着手に踏み切った最大の要因は、21年8月の福岡地裁判決だったのではないか、と筆者は考えている。一審判決とはいえ裁判所は間接証拠による推認で実行犯との共謀を認定し工藤會トップに有罪を言い渡した。王将事件と事件の構造は異なるが、間接証拠による推認で事実を認定する点は同じだ。判決は、王将事件の立件を検討する検事たちにとって追い風になったはずだ。

暴力団事件に詳しい捜査関係者は「供述のない組織犯罪でも、暴力団の特性を立証し、間接証拠がそろえば、有罪になった。あの判決が大きいと思う。警察だけでなく、検察も勇気づけられたのではないか」と語る。

上野は田中逮捕から4日後の22年11月1日付で大阪高検刑事部長から現場の京都地検次席検事に異動した。王将事件の突破口にもなる田中の起訴に向け、宇川＝上野のラインで証拠や法律論を煮詰めて万全を期すための人事だったのだろう。

捜査は続く

福岡高裁による野村の一部無罪が田中の事件の公判や、王将事件の捜査に直接、影響を及ぼすことはないと思われるが、検察や京都府警・福岡県警は野村無罪が工藤會に与える影響に神経を尖《とが》らせている。

王将事件の実行犯として工藤會幹部の田中を逮捕した京都府警と福岡県警の合同捜査は「指名不詳の複数人」の関与解明を目指して再び水面下に潜った。田中側は24年5月にあった第4回公判前整理手続きで、「事件には関わっていない」として公判で無罪を主張する方針を明らかにした。

一方、工藤會の関与が疑われる未解決事件の捜査は終わっていない。福岡県警にとって最大の宿題は、梶原國弘の実弟で北九州市漁協組合長だった上野忠義が、王将事件発生翌日の2013年12月20日朝、自宅近くで何者かに射殺された事件の解明だ。県警と小倉支部は、港湾事業利権を狙う工藤會の犯行と見立てて捜査を始めたが、実行犯は逃走。当然のことながら、野村らトップ2人と実行犯との共犯容疑を示す証拠も見つからず、捜査は行き詰まって今に至る。

発生から10年半。捜査する側の福岡県警と福岡地検の顔ぶれは変わったが、真相解明への熱意は変わらない。犯人の手がかりを求めて地道な捜査は続く。

（なお、この項の文章は月刊誌「世界」23年1月号への筆者の寄稿記事「王将事件の闇は解明されるか」を下敷きにしました）

頂上作戦検事たちのその後

最後に、工藤會頂上作戦に当時現職としてかかわった検事たちのその後に触れておこう。

宇川春彦は王将事件の実行犯訴追から半年後の23年4月に京都地検検事正で退官。7月から公証人となり、東京・麴町《こうじまち》公証役場で勤務している。野村逮捕時の福岡地検小倉支部長の原島肇は鹿児島地検検事正などを経て19年7月、岐阜地検検事正で退官。大阪・梅田公証役場の公証人となった。

上野正晴は、23年7月、京都地検次席検事から高知地検検事正に栄転。24年7月、高松高検次席検事に異動した。

そして、工藤會トップの野村悟を取り調べ、一審公判を支えた上田敏晴。22年7月、高知地検次席検事から東京高検検事兼東京地検検事に異動。翌23年夏に退官して弁護士登録。同年9月から北九州市で弁護士事務所「北九州コンプライアンス法律事務所」を開業した。

その上田は21年8月、筆者の取材にこう語っていた。

「ヤクザになる人間は、幼少期に貧しかったり、差別されたりした経験を持つものが少なくない。僕自身、同じような境遇で、貧しい中で生きてきた。組員の取り調べでは、そういう自らの生い立ちや心情を全部、吐露した。

取調官のその言葉が、その場しのぎの軽口だとわかると、組員は裏切られた、はしごを外されたと怒り、心がずたずたになる。だから裏切ってはいけない。担当した警察官はずっと面倒を見ないと、組員らは生きていけない。代わりの親分になった以上、責任を持たないといけない。

私も取調官として、自白してくれた組員らに責任がある。いずれ、北九州市に戻り、彼らとの約束を果たしたい」（本書第6章）

上田は、その「約束」を守った。

24年7月初め、筆者は上田に電話した。単行本の文庫化に向け、梶原事件を無罪とした控訴審判決についての感想などを聞くためだ。しかし、上田は「取材に協力はできない」とし、判決についても「申し上げることはない」と語った。検事時代の話については語らないとの強い意思を感じた。

工藤會事件の摘発成功は「現場の警察官と検事が血の流れるような努力」の賜《たまもの》であり、「魔法も裏技もなく、ただひたすら関係者を説得し続け、理解を得た」ことによる。「その程度の話でよければ、現場の警察官や検察官のために」と取材に応じた21年8月とは打って変わった対応だった。

思い起こせば、そのときすでに上田は「検事を辞める」と話していた。心は決まっているようだった。当時は工藤會トップの一審判決を控え、検察や警察幹部らが語る工藤會捜査の苦労話・成功譚《せいこうたん》が広く世間に流布《るふ》しつつあった。

「暴力団対策は20年、30年と続く。工藤會については、いろんな事情で市民襲撃犯を摘発できなかったが、地道な努力の積み重ねで、たまたま、あのときに『頂上作戦』を展開し、摘発ができた。特殊な証拠を検察が見つけたわけではない。特殊な理論を構築したわけでもない。スーパーマンはいない」

退官を決意した上田は、この歴史的捜査の立役者が、命懸けで被害者やヒットマンの組員らと対峙《たいじ》した現場の捜査官であることを世に伝え、同時にそれを、自らの検事人生の総括にするとの思いもあったのかもしれない。

上田が検事に任官したのは2000年4月。23年に退官するまでの20年余は日本の検察に対する社会の視線が大きく変わった時代だった。

エポックは10年秋に大阪地検特捜部の幹部ら3人が逮捕された村木厚子元厚労省局長無罪――証拠改竄《かいざん》事件と、それに続く東京地検特捜部の陸山会事件を舞台にした事実に反する捜査報告書事件。いずれも検察の金看板である特捜検察の不適正な捜査手法をめぐる不祥事だった。

検察に対する世間の評価は、「政官財の腐敗を監視する正義の味方」から「手柄のためには手段を選ばぬ独善・傲慢《ごうまん》の官僚権力」へと一変。厳しい批判を受けた検察の現場は萎縮《いしゅく》し、政治腐敗や大型経済事件の摘発はもちろん、通常の警察送致事件や市場監視機関の告発事件にも消極的となった。

法務・検察は、公益の代表としてのスタンスの再確認を余儀なくされ、供述調書至上主義といわれた取り調べなど捜査手続きの全面改革に追い込まれた。

そういうさ中の14年秋、工藤會頂上作戦は始まった。上田ら作戦にかかわった検事や刑事の合言葉は「適正手続き厳守」となった。控訴審で一部が無罪になったとはいえ、上田らは適正手続きで普通に捜査すれば難事件も突破できることを証明した。それは自信を失っていた全国の検事や刑事を大いに勇気づけ、検察を活性化させるのに貢献した。

一方、最近の検察はまた変調が目立つ。大阪地検特捜部が19年に摘発した不動産開発会社元社長の業務上横領事件で大阪地裁は、検察側の違法な取り調べで元部下から虚偽供述を引き出した疑いがあるとして21年10月、無罪を言い渡し、検察は控訴もできず判決は確定。大阪高裁は元社長の訴えで24年8月、担当検事について特別公務員暴行陵虐《りょうじょく》容疑で刑事裁判を開くことを決めた。東京地検特捜部が20年に摘発した元法相夫妻の選挙違反事件でも、被買収側の地方議員らに不起訴を示唆《しさ》し買収資金を受け取ったとする自白調書に署名させる取引まがいの捜査をしていたことが調査報道で判明。世論の批判を受けた。検察権行使をめぐり、再び「検察の正義」が揺らぎ始めている。

そういうときこそ、検察権行使にかかわる「痛み」を知り、適正手続きでの成功体験を持つ上田のような検事が検察には必要だと考えた。北九州市に居宅を構えた上田は福岡での勤務を希望していたと思われる。筆者は22年夏の異動で、検察当局が上田を高知地検次席から福岡高検か同地検検事に起用する人事を期待した。もしそうなれば、上田がすぐ辞める理由はなくなるのではないか。さらに工藤會対策にかかわる後輩検事や福岡県警の捜査員は経験豊かな上田の指導を受けられ、捜査協力者も気軽に上田に相談できる。それは検察、県警、捜査協力者にとっても最善の方策ではないか

——と。

しかし、検察当局は上田を高知地検から福岡ではなく東京へと異動。上田は1年後に退官した。

上田には在野法曹として自らの「正義」をまっとうし、また、第二の法曹人生を豊かで充実したものにしてほしい。そしていつの日か、工藤會事件や検察、警察、そして裁判所についての思いを語ってほしいと思う。その日が来ることを願っている。

この作品は令和四年六月新潮社より刊行された。
「第11章　工藤會事件のその後」は本書のための書き下ろしです。

工《く》藤《どう》會《かい》事《じ》件《けん》

新潮文庫　む-22-1

令和七年一月一日発行
令和七年一月二十五日二刷

著者　村《むら》山《やま》治《おさむ》
発行者　佐藤隆信
発行所　株式会社 新潮社
郵便番号　一六二―八七一一
東京都新宿区矢来町七一
電話 編集部(〇三)三二六六―五四四〇
読者係(〇三)三二六六―五一一一
https://www.shinchosha.co.jp

価格はカバーに表示してあります。
乱丁・落丁本は、ご面倒ですが小社読者係宛ご送付ください。送料小社負担にてお取替えいたします。

印刷・錦明印刷株式会社　製本・錦明印刷株式会社

ISBN978-4-10-105551-0 C0195